LİVA

Elia ile Yolculuk

LİVANELİ

Elia ile Yolculuk

İllüstrasyonlar:
M.K. PERKER

Elia ile Yolculuk

ZÜLFÜ LİVANELİ

Genel Yayın Yönetmeni: M. K. Perker
Editör: Başak Tan
İllüstrasyonlar: M. K. Perker
Yayın Koordinatörü: Mesud Ata
Görsel Yönetmen: Sedat Gösterikli
Reklam ve Tanıtım Müdürü: Bilgen Ülgen

1- 30. Baskı: Temmuz 2017
30 - 50. Baskı: Temmuz 2017
50 - 60. Baskı: Temmuz 2017
60 - 100. Baskı: Temmuz 2017
100 - 120. Baskı: Ağustos 2017

ISBN: 978-605-9670-61-6

İmtiyaz Sahipleri: Yelda Cumalıoğlu, M. K. Perker
KaraKarga Yayınları, Destek Yayınları'nın alt kuruluşudur.

Yayıncı Sertifika No: 13226
Adres: Abdi İpekçi Cad. No 31/5
Nişantaşı / İstanbul
Tel: (0 212) 252 22 42
Fax: (0 212) 252 22 43

karakarga.com
info@karakarga.com
karakargayayinlari
karakargayayinlari
karakargayayin

Baskı: İnkılâp Kitabevi Baskı Tesisleri
Matbaa Sertifika No: 10614
Adres: Çobançeşme Mah. Altay Sok. No:8
Yenibosna - Bahçelievler / İstanbul
Tel: (0212) 496 11 11

KARAKARGA

İthaka

İthaka'ya doğru yola çıktığın zaman,
dile ki uzun sürsün yolculuğun,
serüven dolu, bilgi dolu olsun.
Ne Lestrigonlardan kork,
ne Kikloplardan, ne de öfkeli Poseidon'dan.
Bunların hiçbiri çıkmaz karşına,
düşlerin yüceyse, gövdeni ve ruhunu
ince bir heyecan sarmışsa eğer.
Ne Lestrigonlara rastlarsın,
ne Kikloplara, ne azgın Poseidon'a,
onları sen kendi ruhunda taşımadıkça,
kendi ruhun onları dikmedikçe karşına.
Dile ki uzun sürsün yolun.

Nice yaz sabahları olsun,
eşsiz bir sevinç ve mutluluk içinde
önceden hiç görmediğin limanlara girdiğin!
Durup Fenike'nin çarşılarında
eşi benzeri olmayan mallar al,
sedefle mercan, abanozla kehribar,
ve her türlü baş döndürücü kokular;
bu baş döndürücü kokulardan al alabildiğin kadar;
nice Mısır şehirlerine uğra,
ne öğrenebilirsen öğrenmeye bak bilgelerinden.
Hiç aklından çıkarma İthaka'yı.
Oraya varmak senin başlıca yazgın.
Ama yolculuğu tez bitirmeye kalkma sakın.
Varsın yıllarca sürsün, daha iyi;
Sonunda kocamış biri olarak demir at adana,
yol boyunca kazandığın bunca şeylerle zengin,
İthaka'nın sana zenginlik vermesini ummadan.
Sana bu güzel yolculuğu verdi İthaka.
O olmasa, yola hiç çıkmayacaktın.
Ama sana verecek bir şeyi yok bundan başka.
Onu yoksul buluyorsan, aldanmış sanma kendini.
Geçtiğin bunca deneyden sonra öyle bilgeleştin ki,
Artık elbet biliyorsundur ne anlama geldiğini
İthakaların.

Konstantinos Kavafis
(Çeviri: Cevat Çapan)

ÇINARIN BOĞUMLU PARMAKLARI

Güneşli bir nisan sabahında, New York şehrinin birinci caddesinde, başka bir ülkede üretilmiş pabuçlarımla, Amerikan toprağına basmakta olduğum gerçeği üzerine düşünerek yürüyorum. Üzerinde yürüdüğüm zemin Amerikan asfaltı, cadde kıyısındaki ağaçlar Amerikan ağacı, yanımdan geçen kadının tasmasını tuttuğu gri köpekçik Amerikan köpeği (gözlemlerime göre yabancı ülkelerin hayvanları da insanları gibi belirgin davranış farklılıkları gösterir), dallara tüneyen kuşlar Amerikanca ötüyor, gölgemin camına vurduğu berber Amerikan berberi, beyaz gömlekli çalışanlar ve başını eğmiş tıraş olanlar da Amerikan insanı, caddedeki arabalar Amerikan arabası, kamyonlar Amerikan kamyonu, sokakları gösteren tabelalar Amerikan tabelası (hemen önümdekinde "95. Doğu" yazıyor), yüksek binaların arasından sanki sıkıştırılmış gibi daha da yoğun, daha da kızgın ve öfkeli olarak

parlayan akkor güneş Amerikan güneşi; apartman kuytuluklarındaki sert gölgeler Amerikan gölgesi...

Ama gerçek mi bütün bunlar? Aralarından yürüyüp geçtiğim insanlar, ağaçlar, binalar neden bir gerçeklik duygusu vermiyor? Bu ışık, bu koku, bu sesler... Amerika diye bir şey var mı, gerçekten var mı, hiç var oldu mu? Hayır hayır, burada doğup büyümemiş olanların Amerika'sı bu değil ki. Üzerinde yürünen, kulakla duyulan, gözle görülen bir ülke değil, düşlerde görülen bir dünya o. Yoksa düşlettirilen mi demek gerekir, bilemiyorum. Karanlık sinema salonu perdelerinde bir var olup bir kaybolan imgeler... Fötr şapkalarını kaşlarına doğru eğerek sigara içen uzun yüzlü adamlar, ondüleli saçlarını dalgalandırarak yürüyen kadınlar; piyanolu, trompetli, kontrbaslı partilerin, yeşil zeytinli martinilerin bu dünyaya ait olmayan, başka bir gezegenden gönderilen imgeleri, o gezegenin ışıkları ve gölgeleri değil mi? Yürürken gözlerimi yakan bu parlak güneş ve şimdi köşesinden döndüğüm 95. Doğu Sokağı'ndaki dört katlı evlerin kapısına inen basamaklardaki gölgeler, sanki o perdelerde ve ekranlarda daha gerçek gibi duruyor. İyi ama bu ışık ve gölgeleri yaratan birinin evine giderken nasıl olur da Amerika'nın gerçek olduğuna inanmazlık edebilirim?

Sokak, bu sokak. Asfaltın sertliği, iri ve bol yapraklı ağaçların gölgesi altında yumuşamış, sakin, kıpırtısız. Ne ağacı bunlar? Bilemiyorum. Kırda büyümemiş kent çocukları için ağaçların birbirinden farkı yoktur ki. Kahverengi gövdeleri vardır, dalları vardır; bazen yeşil, bazen sarı, bazen turuncu yaprakları vardır. Pembe beyaz çiçek açarlar. İşte hepsi bu. Ağaç sadece bir ağaçtır. Ama yaşlandıklarında ağaçların insanlara benzediğini, kent çocukları bile görebilir. Gövdelerinin boğum boğum olması, ihtiyarların eğilip bükülmüş mafsallarını hatırlatır. İnsanlar da yaşlandıkça, bir anlamda ağaçlaşırlar. Gençken insan insandır, ağaç ise ağaç. Yaşları ilerledikçe birbirlerine benzemeye başlarlar. Hiç kimseyi bağışlamayan merhametsiz yerçekimi, insanların da ağaçların da gövdelerini aynı biçimde büker; eklemlerini aynı amansız şişkinliklerle yumrulaştırır, düğümler. Biraz sonra göreceğim ışıkların ve gölgelerin, gelip geçen imgelerin ustası yaşlı adamın da, elimi öyle yaşlı ağaçlar gibi boğum boğum olmuş parmaklarıyla sıkacağını biliyorum. Doksan yıl önce çok uzaklarda doğmuş, sonra buraya gelip Amerika imgelerini yaratmış olan adamın evine varıyorum işte.

Gelip içinde solumaya başlamadan önce filmlerini görürsün Amerika'nın; dünyaya başka bir galaksiden gelen ışınlardır onlar. Bu galaksinin, bildiğin hiçbir şeye, hiç kimseye, tanıdığın dünyaya benzemeyen bir fantastik diyar olduğunu kavrarsın. Sonra bir gün, uçakta oturmaktan başka bir iş yapmadığın halde günlerce taş taşımış gibi yorgun bir bedenle ve kafanda bir tuhaflıkla buraya gelir, filmin içine dalıverirsin. Başındaki sersemliğin, geceyle gündüzün yer değiştirmesinden mi yoksa perdeye doğru yürüyüp filmin içine girmekten mi kaynaklandığını bilemezsin. Her şey hem çok yabancıdır, hem çok tanıdık. Caddeleri bilirsin, ünlü mağazaları, sarı taksileri... Bilet almadan girdiğin bu sinemada her şeyi üç boyutlu izlersin artık. Bir anlık değil, bir ömürlük dejavu!

Amerika bir de burada büyümemiş çocuklar için comics dergilerinin ve Ankara'da her cumartesi mutlaka uğranılan Amerikan Kütüphanesi'ndeki kitapların, hiçbir ülkeye benzemeyen kâğıt kokusudur. Fransız kitapları başka türlü kokar ve kapalı kaldığı zaman sararır ama Amerikan kitaplarının sayfaları hep beyaz kalır. Comics'ler elinin arasından ipek gibi kayar. O ülkeye geldiğiniz zaman bazı kokuların tanıdık gibi, daha önce duymuşsunuz gibi gelmesinin nedeni budur.

Tabii bütün bunlar, dünyada Amerikan dergileri ve kitaplarının, Amerikan içecekleri ve köftelerinden daha ünlü olduğu bir çağa ait izlenimlerdir. Dergilerde Hemingway'in resimlerinin tam sayfa basıldığı, ergen çocukların bunları kesip odasının duvarlarına yapıştırarak, Karayip Denizi'nin tuzlu havasını solumaya çalıştığı dönem. Başında kavak yelleri esen gençlik günleri.

Kapısını çaldığım yaşlı adam için de öyle mi olmuştu acaba? O da burada doğmamıştı. İstanbul doğumluydu, Amerika'ya dört yaşında gelmiş -getirilmiş demek daha doğru- olduğu için, hele o yılların koşullarında, yani 20. Yüzyıl başlarında Amerika'yı filmlerden tanıma olasılığı hiç yoktu. Amerika'nın filmlerini gören değil, yaratan ve dünyaya gösteren biriydi o. Kendini Amerikalı sayan bir Anadolulu, Rum sayan bir Türk, Türk sayan bir Rum, Anadolulu sayan bir Amerikalı, New Yorklu sayan bir göçmen, göçmen sayan bir New Yorklu. Belki de hiç biri. Hem hepsi, hem hiçbiri. Üst üste binmiş kimliklerin çoğaltırken azalttığı, güçlendirirken zayıflattığı bir adam. Adı Elia, adı İlya, İlyas, Aliya; soyadları Kazancıoğlu, Kazan; annesinin kızlık soyadı ise

Şişmanoğlu. Evinde sehpanın üstüne gelişigüzel atılmış üç Oscar heykelciğine rağmen hâlâ Amerikalı mıyım diye düşünen, bir an tam bir Amerikalı olduğuna karar veren ama sonra Amerika'nın çok kötü davrandığı ve her zaman da öyle davranacağı bir göçmen olduğunu düşünen, doksan yaşındaki ağaçlara benzeyen, doksan yaşında bir adam. Anadolu'da bu yaştaki insanlara çınar derler, burada ne derler acaba?

Kos adasında bir çınar ağacı var, iki bin beş yüz yıllık. Altında Hipokrat ders verirmiş. Paramparça olmasına, taşıyamadığı ağır dalları demir direklerle desteklenerek güç bela ayakta durmasına rağmen, bir türlü ölemiyor duygusu veren, romatizma ağrıları içinde bir ağaç. Üstelik onu tedavi edebilecek Hipokrat da binlerce yıl önce ölmüş. İnsan da acaba böyle mi oluyor? Ağaçlar için ötenazi hakkı tanınamaz mı? Sanki birçok ülkede insan için böyle bir hak var da! Ne gereği var bunları düşünmenin? Ama insan düşünceleri, izlenimleri, çağrışımları denetleyemez ki! Aniden gelen saçma sapan ve önemsiz bir imgeyi bile engelleyemezsin. Zaten önemli mi, önemsiz mi olduğunu da bilemezsin. Çocukken yağmurlu bir havada, saçak diplerine sünerek yürüyen ıslak bir kedi görüntüsü gibi mesela veya çakıl taşları üstünde çıplak gövdesiyle yatan, boğulmuş bir adam. Nöronların akıl sır ermez işleri. Sinirlerden kaslara, kaslardan organlara uzanan sistemle kişinin bilinci nasıl bir etkileşim içinde acaba?

Zihin çağrışımlarla başka zamanlara ve yerlere yönelmişken, insanın sağ eli kendiliğinden yukarı kalkıp zile basabiliyor. Çünkü elin de belleği var ve o el daha önce burada olduğunu, yukarı doğru kalkarak zili çaldığını hatırlıyor.

Bazen zihin susar el konuşur. Mesela sevişirken, mesela hapishanede parmaklıklara dokunurken, ekmeğin sıcaklığını emerken... Aradan kaç yıl geçerse geçsin, el; sevgilinin ipeksi boynunda gezindiğini, soğuk hapishane demirlerine buz/ateş karışımı bir hisle dokunduğunu, çocukken fırından eve getirdiği ekmeğin içe işleyen sıcaklığını, bir Ankara kedisinin yumuşacık, ipeksi tüyleri altında kıpırdayan esnek kaslarını, bir dostun güven veren el sıkışını, ölü bir annenin alnına son veda dokunuşundaki şaşırtıcı soğukluğu, onun morgda yatan cesedinin sararmış ayağındaki başparmağa takılan zalim etiketin metal sertliğini ve daha böyle neleri, neleri, ne anıları, ne okşamaları, ne dokunuşları hatırlar. Bu özelliğinden dolayı değil midir, evden çıkarken de elin, bazen senden habersiz kapıyı kilitler. Zihninle sonradan düşünür ama çıkaramazsın; "Kapıyı kilitledim mi?" Aynı şekilde, telefon numaralarının böyle aletlerin hafızasına kaydedilmediği dönemlerde, bazı kişilerin numarasını elin kendiliğinden çevirmez miydi?

Köşesindeki tabelada "95. Doğu" yazan sokakta, yıllar önce adı Elia Kazan olan adamla gezintiye çıktıklarını, daha doğrusu evin küçük köpeğini gezmeye çıkardıklarını, eskilerden ve yenilerden konuştuklarını, adamın büyük bir Anadolu ve ebeveyn hasreti içinde olduğunu, kendini o yaşta hâlâ yetim ve öksüz hissettiğini ama duygularını hakiki bir New Yorklunun kayıtsızlığı ve hayata karşı mesafeli duruşuyla maskelediğini, zaten çetin ceviz karakterli bir adam olduğunu ve konuşmalarının, sevimli köpeğin sık sık kaka yapmasıyla kesildiğini -bu sefer el değil de zihin- hatırlıyor.

Köpek her kaka yaptığında Elia, sağ eline geçirdiği bir saydam plastikle kahverengi nesneyi yerden alıyor. Terbiyeli bir hayvan olan küçük köpekçik de, evde geçen onca saatin intikamını almak ister gibi her iki üç adımda bir durup işlemi tekrarladığı için, sohbet ancak aralıklı olarak devam edebiliyor. Elia eğilip eğilip doğruluyor, bunun yasal bir zorunluluk olduğunu anlatıyor bir yandan da. Yoksa ceza yiyeceğini söylüyor, İstanbul'da da durumun böyle olup olmadığını soruyor. Ben de böyle bir yasak olmadığını, bırak köpekleri insanların bile -erkek olanlarının- bazı Bizans kalıntısı duvarlara işediklerini ama bunun ideolojik bir davranış olmadığını, son yıllarda toplumumuzu saran lumpenlikten kaynaklandığını, bundan çok rahatsız olan bazı yurttaşların o duvarlara tebeşirle "Buraya işeyen eşektir!" yazdıklarını ama bunun o lumpen tayfasını hiç etkilemediğini anlatıyorum. Belki de okuma yazma bilseler, eşekler bu duruma daha çok alınırlardı.

Birden gülüyorum. Koskoca Elia Kazan'ın, eğilip kalkmaktan canı çıkarak, yerden minik köpeğin kakalarını alması ve kirli plastik torbaları cebine doldurması, ne ilgisi varsa, aklıma Fransa'nın en büyük kralını getiriyor; kendisine Güneş Kral unvanını veren, 21 santim yüksekliğinde topuklu ayakkabılarla gezen 14. Louis'yi. 72 yıl tahtta kalarak Avrupa'nın en uzun hüküm süren tacidarı olması belki anlaşılabilir ama onca yıl 21 santim topuklu ayakkabı üzerinde gezmeye nasıl dayandığı bence meçhul. Hem de üzerindeki onca süse, püse ve büyük peruklara rağmen.

Güneş Kral her sabah iki kere uyanırdı. Bunlara Kralın Küçük Uyanışı ve Kralın Büyük Uyanışı derlerdi. Majestelerinin ilk uyanışlarında çevresinde soylu insanlar bulunurdu; prensler, üst düzey devlet görevlileri, bürokratlar, muhafızlar. Kral bu süslü püslü, bu şatafatlı insanlar arasında, tam ortada, altına uzatılan lazımlıkta hacet giderirken, onlar gündemi aktarırlardı. Kral bazen en önemli kararlarını o anda verirdi. Bu durum sindirim ve boşaltım sisteminin dünya politikasında taşıdığı büyük önemi ortaya çıkarıyor. Mesela Güneş Kral o gün kabızlık çekiyorsa, o sinirli haliyle bir savaşa karar verebilirdi. Kral doğrulduktan sonra, Güneş Kral'ın kıçını silme ayrıcalığına sahip en önemli saray görevlisinin vazifesi başlardı: Elindeki özel bir bezle -ipek ve işlemeli elbette- sonsuz bir hürmet içinde majestenin mabadına eğilen görevli, bu önemli görevini iç huzuruyla yerine getirir, bu görev dolayısıyla da "Güneş Kral'ın Baş Kıç Silicisi" olarak her yerde saygı görür, bütün soylularca kıskanılırdı. Yarım saat süren bu uyanışın ardından kral ikinci kez uyanırdı. Kralın ikinci uyanışı törenine 100 üst düzey saraylı katılırdı.

Güldüm ama Elia'nın başına gelenler bu durumun tam tersiydi. O sadece küçük bir köpeğin kakasını topluyor ve böylece şan ve şöhret yerine, yasalara uygun davranan bir yurttaş saygınlığını kazanıyordu.

Köşesindeki tabelada "95. Doğu" yazan o sokağa ve oradaki adamla ziyaretçisine yıllar sonrasından dönüp baktığımda kendimi de, "yaşlı adam" Elia'yı da, o günlerde algıladığımdan daha genç görüyorum. Yaşlı adam seksenlerini sürüyor, bir bacağını da sürüklüyor. Kalbine hiç görmediği

gariban bir domuzdan alınan bir kapakçık takılmıştı, elini göğsüne vuruyor ve gülerek "Domuz gibi, domuz gibi!" diyor. Türkçe söylüyor bunları ama insan şaşırıyor doğrusu. Çünkü bizim kulağımıza çok garip gelen eski, ağır aksanlı bir Orta Anadolu köylü şivesi bu. New York'ta büyümüş olan Elia Kazan'ın buram buram New York kokan bıçkın şivesinden, birdenbire İlyas Kazancıoğlu'nun köylü şivesine geçiyor. Sesi bile değişiyor, yumuşuyor. İngilizce konuşurken sesi biraz daha sert ve tiz çıkıyor.

"Domuz gibi" Anadolu'da bir kişinin çok sağlıklı olduğunu anlatmak için sık sık başvurduğu bir metafor. Hem de Müslüman Türkler tarafından söylenir bu. Domuz yemeyi dinen günah sayan bir halk için ne garip bir çelişki. Belki de domuzlar koyun, keçi, dana gibi kesilip yenilmediği için hayatta ve sağlıklı olduklarına gönderme yapılıyor. Bu da çok mantıklı değil mi? Domuzlar için Türkiye'de hiçbir tehlike yok. Doğrusu ben bu fani dünyaya domuz olarak gelmek zorunda kalsaydım, bunun Müslüman bir ülkede olmasını isterdim. Hiç olmazsa Amerika'daki, Avrupa'daki domuzlar gibi her gün kasap bıçağı bekleyerek yaşamazdım. Domuzlar açısından yaşasın Müslümanlar ve Yahudiler. Tabii bakış açısına göre değişir bu. İnekler arasında bu slogan Hindistan için kullanılıyor olmalı.

Şimdi böyle şeyler söylüyorum ama o gün bunları düşünüyor muydum, Elia'nın küçük köpeğini gezdirdiğimiz güne dair "hatırladıklarım", gerçekten aklımda kaldığı gibi mi yaşanmıştı, emin değilim. Çünkü bir yandan da deva bulmaz bir yazar hastalığından dolayı, "İleride bunu yazarsam nasıl yazarım, nasıl bir üslup belirlerim?" diye düşünmekteydim. Zihnimde canlanan o görüntüler, bir kitapta yazmak için kafamda sakladığım notlar mı acaba? Öyle mi bilmiyorum ama her durumda gerçek olduklarını biliyorum. Hangi zamanda, hangi sırayla yaşandığı bazen karışsa da, o bulanık anılar elbette gerçekler. Bazen yaşandıkları günlerden bile daha gerçek. Küçük köpekle bu gezinti için sokağa çıktığımız günlerdeki o ziyaretimin başında, koca bir çınarın yumuşak, boğum boğum parmakları uzanıyor ve binlerce yaprağın kıpırdanışıyla "hoş geldin" hışırtısı duyuluyor.

DÖRDÜNCÜ KATIN BÜTÜN OYUNCULARINA ANADOLU GÜLÜŞÜ

Kapıyı orta yaşlı, Amerikalı bir kadın açıyor; yıllardır Elia Kazan'ın sekreterliğini yapan Eileen olduğunu biliyorum onun. Hafifçe gülümseyerek merhaba derken, evden yayılan klarnet sesi dikkatimi çekiyor; epey yüksek bir ses, galiba yukarıdan, üst katlardan birinden geliyor. Çeyrek seslerle icra edilen, kırık Anadolu nağmeleri ulaşıyor kulağıma. Böyle bir evde çalınması beklenen Benny Goodman'la hiç ilgisi yok. Doğu, tamamen Doğu. İşvesiyle nazıyla, eğilip bükülüşüyle, ezik notalarıyla, yuvarlak ve gereğinden fazla süslü Doğu nağmeleriyle. Neşesi de, hüznü de abartılı. Klarnet bir hayvan olsaydı onu bukalemuna benzetmek gerekirdi sanırım. Çünkü Avrupa klasik müziğinden klezmere, cazdan alaturkaya kadar, hangi tarzı çalarsa onun kılığına bürünüyor. Bazen New Yorklu, bazen Salzburglu, bazen İstanbullu, bazen Varşovalı bir çalgıyla karşı karşıya kalıyoruz. Tuhaf bir şey.

Eve girdiğim anda, Eileen başını ve sağ kaşını hafifçe kaldırarak yukarıyı işaret ediyor; "Nerede olduğunu söylememe gerek yok herhalde" diyor. Doğru! Müzikal bir karşılama bu. Sadece müziğe kulak vererek yönünü bulabilirsin. Zaten daha önceki gelişlerimden biliyorum. Elia Kazan evin dördüncü katını kendisine ayırmış. Orası onun çalışma, yazma, dinlenme, anılara dalıp gitme, müzik dinleme, kendini arama ve belki de kendine acıma seanslarının odası. Hayır, hayır; "acıma seansları" yanlış oldu, hemen düzeltmem gerekiyor. Çünkü bu yaşlı adam, üzüntü-acıma-yazıklanma-pişman olma gibi kavramlara çok yabancı. Bir savaşçı o. Ne olursa olsun, düşman orduları ne kadar büyük bir güçle gelirse gelsin, son nefesine kadar direnmek azminde olan bir savaşçı. Bunu hayat ilkesi haline getirmiş. Bana verdiği öğüt de buydu zaten: Üzülmememi söylüyor, üzüntü duygusunu yasaklıyor, üzüntü çürütür insanı diye uyarıyor, ama kızmak iyi gelir, ferahlarsın diyordu: "Sakın ola hiçbir şey için üzülme ama bol bol kız, öfkelen, dövüş, savaş, küfret ama üzülme. İnsanı üzüntü çürütür."

O bunları söylediği zaman aklıma hemen -çoğunlukla olduğu gibi- bir Anadolu türküsü gelmişti: "Yiğidi kılıç kesmez / Bir kötü söz öldürür!" İyi ama Elia da öyle söylüyordu işte; kötü sözlere aldırırsan çabuk ölürsün. Bunca badireden geçip de doksanını bulmayı başaran bu yaşlı adamın sözlerinde bir hikmet olsa gerekti.

Müzik beni yukarı çekmeye devam ediyor, loş evde birinci katın gıcırdayan merdivenleri, ikinci, üçüncü kat, derken dördüncü katta müzik inanılmaz bir yüksekliğe ulaşıyor.

Hani bangır bangır derler ya, öyle çalmakta. Odaya girince bu zorunlu konserin kaynağını hemen görüyorum. Bir kasetçalar inletiyor ortalığı. İşin garibi odanın yola bakan pencerelerinin önündeki divanda, yaşlı adam mışıl mışıl uyumakta. Ayaklarını kanepenin yüksekçe koluna koymuş, Loafer'larını çıkarmamış -onları kendine öz evlat gibi davranan Robert de Niro'nun aldığını söylemişti- bej bir kadife pantolon, üstünde bej bir pullover -bunu da yine kendisine evlat gibi davranan ünlü Martin Scorsese'nin hediye ettiğini anlatmıştı; New York'taki iki büyük dostu onlardı zaten, gerçekten baba/evlat ilişkileri vardı. Akademi'den ödül aldığı o sarsıcı gecede de sahnede yanında onlar duruyordu; karısı Frances'le birlikte tabii.-

Elia, öylece yatıyor, derin bir uykuda, yarı aralık ağzından hafif bir mırıltı çıkıyor ama yüksek klarnet örtüyor bu sesi. Elleri; o büyük, ağır iş yapanlara özgü yaşlı elleri göbeğinin üstünde. Yüzü antik Ege haritaları gibi. Ayakta dikilmiş vaziyette, kahve falına bakar gibi bu yaşlı yüze bakıp, bana bir şeyler anlatmasını bekliyorum sanki. Bu adam aynı adam mı? Bu beden dünyanın en ünlü, MM adını taşıyan en güzel kadını ile yıllarca aynı mekânı mı paylaştı? Bu eller mi değdi o efsane kadına? Biri öldüğü için efsane, öteki bir Yunan trajedi kahramanı gibi değiştiremeyeceği kaderiyle baş başa bir ihtiyar. Artık o güzel kadının babası bile değil, dedesi yaşında: Evet doğru, ölüler genç kalıyor. Elia ise Manhattan'ın göbeğinde, ebedi cezaya çarptırılmış bir Sisifos gibi kayayı her gün yeniden, gökdelen tepelerine çıkarmakla meşgul. Uyurken, öfkesi, alaycılığı ve sert kişiliği belli olmadığı için

çok sakin görünüyor. Sanki tarlada bir ağaç altına uzanıvermiş bir Anadolu köylüsü. Orta boylu, sağlam gövdeli. Karısı Frances'i İstanbul'a ilk getirdiğinde yoldan geçenleri gösterip "İşte," demişti, "Anadolular genellikle böyle oluyor. Sağlam yapılı!" Kısa, kalın ve küt anlamına geliyordu bu.

Hiçbir insan uyurken izlenmek istemez; ne de olsa kendimizi bilinçle yönetemediğimiz anlardır onlar. Ağzımız bir yana kayabilir, hafif bir sıvı gelebilir, horlayabiliriz, yüzümüze aptalca bir ifade çöreklenebilir ve bütün bunların görülmesini istemeyiz elbette. Kalktıktan sonra kendimize çekidüzen verir, duruma uygun düşen maskemizi takar, öyle çıkarız insanların sahnesine.

Biz normal insanlar -kral olmadığımız için- uyurken de görülmek istemeyiz, uyandığımız zaman da. Yoksa zifaf gecesinin sabahında Onassis'in, yatında, lombozdan süzülen insafsız ışığın yüzüne vurduğu talihsiz Maria Callas'ı telaşla uyandırıp "Ne olur bir şarkı söyle! Hemen bir arya söyle!" demesi gibi nahoş durumlarla karşılaşmak da mümkündür.

Elia Kazan da, Maria Callas da Yunan soyundan geliyorlar ama Callas Ellas'tan, Elia ise Anatolia'dan. Birine Helen, ötekine Rum diyoruz, yani Romalı; Doğu Roma İmparatorluğu soyu.

Şiddetli klarnet saldırısı altındaki odaya göz gezdiriyorum. Bir çalışma masası, üstünde eski usul bir daktilo, kâğıtlar, kitaplar, mektup açacağı, kalemler, bir yazı işçisinin aletleri. Ama odanın en ilginç yanı, kapının sol tarafında kalan duvar. Binlerce fotoğrafla kaplanmış bir duvar bu. Bizi yüzyıllarca uğraştırmış olan Doğu ve Batı ikileminin, bu duvarda grotesk bir kolaja dönüştüğünü duyumsuyorum. Çoğu imzalı olan fotoğrafların bazılarında yaşlı adam, genç haliyle ve çeşitli sinema sanatçılarıyla birlikte görülüyor. Kimiyle sarmaş dolaş, kimiyle tam asker pozu verilmiş... Duvardan, genç ve hep genç kalacak halleriyle güzel kadın oyuncular bize gülümsüyor. Koca Tennessee Williams, hüzünlü bıyığının arkasından odaya girenleri süzüyor. Yanındaki fotoğrafta Kayseri/Develi Belediye Başkanı Kavuncu, biraz ötede Marlon Brando, Nathalie Wood, James Dean... Derken, kasketli Anadolu köylüleri ve "föterli" kasabalılar. Bu duvarlar, karmaşık Anadolu ruhunun derin bir belgeseli niteliğinde. Gauguin nasıl iç fırtınalarını Tahiti'deki evinin duvarına nakşettiyse, Manhattan 95. Doğu Sokağı'ndaki evinde divanın üstünde uyuklayan yaşlı adam da, Anadolu ruhunun saplantılı mozaiğini işlemiş kendi duvarına. Binlerce fotoğraf içinde, sararmış, tırtıllı kenarları kıvrılmış bazı resimler de var; ailesinin fotoğrafları bunlar. Erkekler fesli, kadınlar şapkalı; şık giyimli insanlar. Bir kilisenin önünde durmuşlar; hayatın kendilerine ne getireceğini bilmemenin verdiği bir ferahlıkla objektife gülümsüyorlar. Anadolu'nun ortasında, başı karlı Erciyes Dağı'na yakın bir Rum kasabasında çekilmiş ve hayatı o karede mühürlemiş bir görüntü.

Tekrar divanda mışıl mışıl uyuyan yaşlı adama bakıyorum ve ah Tanrım diyorum, keşke çöl dinlerinin tarif ettiği gibi koruyucu ve esirgeyici bir Tanrı olsan. Keşke insanlar toprağa karışmasa da, ölümle birlikte yeni bir hayata doğsa. Keşke ruhlar, ölü bedenlerden çıkıp dünyada dolaşmaya devam etse. Kötüler cezalandırılıp, iyiler ödüllendirilse.

Ne güzel olurdu her şey. Resimde gördüğüm insanların hepsi bu odada olurdu şimdi. Elia'nın yanında dünyanın en ünlü kadını, modern zamanların Truvalı Helen'i, genç ve hep genç kalacak sarışınlığıyla oturuyor olurdu şimdi; eski günlerdeki gibi. Marilyn'i arkadaşı Arthur'a (kendi deyişiyle o kibirli Arthur'a) tanıştırmadan önceki günlerde olduğu gibi. Kasketini külhanca yana yıkmış oyuncusu motosikletiyle gezerdi, kazada parçalanan genç oyuncusu ise kaş altından süzerdi bizi, parçaları toplanmış, bir araya getirilmiş olarak elbette. Ama şimdi tarih dediğimiz eski sandığın içine kilitlenmiş durumdalar. Ne yazık!

Bir şimdi var, bir gelecek, bir de tarih; daha doğrusu tarih diye bir sandık ki tıka basa dolu. Kleopatra, kendi zamanından binlerce yıl önce yapılmış olan piramitlere hayretle bakıyor, biz ise zamanımıza daha yakın olan Kleopatra'yı, piramitler zamanına itiyoruz. Kraliçe bizim gözümüzde kendi zamanından geriye doğru kayıyor hızla; piramitlere yapışıyor. Zaman eğriliyor, olaylar birbirine yaklaşıyor. Zaman yassılıyor; her şey birbirinin üstüne binmiş. Maymunla zeplin, ziguratla bulaşık makinesi, şişe açacağıyla woodoo ve piramidin önünde Kleopatra. Her an cennetten kovuluyoruz ve kovulduğumuz an tarih oluyoruz biz de. Hemen o anda, son nefesimizi verdiğimiz anda. Klarnet sesi yüksek minareleri sarıyor; haykıran müezzinler New York diskolarına saklanmış; dillerinde bipolar rap ayinleri.

"Başka bir hayat mümkün mü?" Bir gün bana bunu sormuştu yaşlı adam. Bodrum yapısı ahşap bir teknede, Ege adaları arasındaki mavi sularda dolaşıyorduk. Gece sakin

bir koya demirlemiştik. Ellerimizde ve kirpiklerimizde tuz, dilimizde Dionysos ayininden kalan bir buruk şarap lezzeti, başımızın üstündeki lacivert gökyüzünde ise yıldızlar. Ben "Gökyüzü senindir, gökyüzü herkesindir!" diye kırık dökük bir şiir mırıldanıyordum o günlerde; sormuştu: "Başka bir hayat mümkün mü?" Kelimelerden daha önemlisi, bunları söylerken sesinde belli belirsiz hissedilen özlemdi. Bazı insanların, sürekli olarak başka bir hayatın düşünü kurduğunu biliyordum. Nereden mi? Kendimden. Çok bunalırsan, hani, denizin dibinde soluksuz, biliyordum, gökyüzüne bakmayı da unutursan, olmazdı ki!

Divanda yatan adam, duvardaki gençlik resimlerinden farklıydı. O fotoğraflardaki başkaldıran, alaycı hava kaybolmuştu elbette ama bu, uykuda takınılan bir hal de olabilirdi. Yoksa bir asra yaklaşırken bile savaşçı ruhundan bir şey yitirmiş olduğunu sanmıyorum. *Uzlaşma* diye bir roman yazan ama hiç uzlaşmamış bir savaşçı. Daha doğrusu hayatında bir kez iktidar sahipleriyle uzlaşma denemesinde bulunmuş ve yüzüne gözüne bulaştırdığı bu zayıflığın bir cezası olarak, ciğeri her gün kartallar tarafından yeniden parçalanan bir Prometheus olarak yaşamış ve bununla ölmek zorunda kalmış bir adam. İşin en kötü yanı da, ölüme kadar kaderini değiştiremeyeceğinin bilincinde olması. Gençlik halini bilmediğim, o dönemini ancak resimlerde gördüğüm bir adam. Çünkü o 42 yaşındayken doğmuşum ben. Hem de ondan çok uzakta, Anadolu'da.

Derin derin nefes alıp veriyor, huzur içinde yatmakta. İnsanlar en önemli işleri yatarken yapar diye düşünüyorum.

Yatarak doğar, yatarak büyür, yatarak ürer, yatarak iyileşir, yatarak dinlenir, yatarak doğurur ve yatarak ölür. Ölüm sonrasında ise hepten yatar. Bütün bunlar yataysa, geriye dikey olarak ne kalıyor ki zaten! Homo erectus hali, bize omurga ağrıları veren geçici bir haldir olsa olsa. Yoksa öyle değil mi? Yatay haldeki bütün etkinliklere; dünyaya gelmeye, bir süre sağ kalmaya, dünyaya getirmeye ve her şeye anlam katan, bir tür diklenme hali mi? Hayata diklenmek, direnmek, mücadele etmek. Öyleyse, insanın yaşı ilerledikçe savaşçı ruhunu kaybedeceğini düşünmek doğru olamaz. Kavgadan kaçmak için böyle bir mazeret kabul edilemez. Daha fazla yaşamanın hakkı, boyun eğmek biçiminde verilebilir mi? Ama bir tarz değişikliği gerekir elbette. Yetişen gençleri veya kendi gençliğini taklit etmek anlamsız. Yeni bir üslup yaratmalı insan, yaşlılık döneminde. Haksızlıklara, sömürüye, çirkinliklere onca yıl tanık olmanın ve her şeye rağmen, kötülüğün mutlak egemenlik sağlayamadığını görmenin bilgisiyle; sakin bir itiraz geliştirmeli. Ama yaş iyice ilerleyince, biyolojik kısıtlar kendini dayatacaktır mutlaka.

Elia'nın sakin sakin uyuyuşunu izlerken, bir çocuğu seyrettiğim duygusuna neden kapıldım acaba? Yaşlılığından dolayı mı? Yoksa aklıma "Her insan tekrar çocuklaşmak için yaşlanır." diyen Sophokles mi geldi? Bazı kız evlatlar, yaşlı babalarına annelik ederler.

Divanın üzerindeki adamın görüntüsü bulanıklaşmaya başlıyor. İki dağ arasından akan yeşil bir nehrin kıyısına kurulmuş Amasya kentinde bir çocuk görüyorum şimdi. Şehrin tek sinemasında, öğleden sonra, loş salonun tenha yalnızlığında, kırmızı kadife koltuklu bir locada tek başına oturmuş, bu adamın yönettiği bir filmi izliyor. Babası o şehrin savcısı olduğu için, filmi savcıya ayrılan locadan izleme ayrıcalığına erişmiş yedi yaşında, kısa pantolonlu, dizleri her akşam büyük bir zevkle, üstündeki yarı tutmuş kabuğu kaldırarak tekrar kanattığı, yarı kahverengi yarı pembe yaralarla dolu. Uzak iklimlerin, uzak yaşamların düşünü kuran ve hayalhanesini öğleden sonraları tek başına, bir tapınak gibi sığındığı, böcek ilacı kokan, zemin tahtaları gıcırdayan; karanlık sinema salonunda gördüğü filmlerle doldurmaya çalışan bir çocuk.

O filmler, divanda klarnet müziği eşliğinde uyuyan adamla benim çocukluğumu, kopmaz bağlarla birbirine bağlamıştı. 50'li yıllardı. Onun başının burada, Amerika'da McCarthy komisyonuyla derde girdiği dönemler; Elia Kazan'ın kişisel cehennem yılları. Mensup olduğu Yunan soyunun trajedi kahramanları gibi, onu bir ömür boyu takip edecek, ölene kadar peşinden ayrılmayacak, hatta ölümünden sonra bile devam edecek bir biçimde damgalandığı bir dönem. Her trajedi kahramanı gibi kaderinin değişmeyeceğini bile bile ona karşı mücadele etmek zorunda kalan bir adam. Hayatını bir savaşçı olarak yaşamaya adamış, elinde kılıç tutmuş, ama kılıcı keskin ucundan kavradığını fark ettiği zaman çok geç kaldığını anlamış bir silahşor. Bir yaşa varınca; elinde hayat boyu tuttuğu kılıcın sadece kendisini yaralamaya yaradığını sezmiş olmanın hüznünü taşıyan ama bunu belli etmemek için çırpınan, duygularını, yaralarını bir yaşlı bıçkın tersliği ile kapatmaya çalışan Yunanlı göçmen. O ve arkadaşları, McCarthy döneminde Sovyetler Birliği ve Stalin'e ilişkin sıkıntılar yaşarken, benim de küçük bir çocuk olarak bir Stalin anım vardı. İlkokulun birinci sınıfındayken bütün öğrencileri Amasya sokaklarına çıkarmışlar, "Stalin cehenneme!" diye bağırtarak, tören düzeni içinde yürütmüşlerdi. Akşama kadar şehrin her yerinde "Stalin cehenneme!" diye bağırmaktan sesimiz kısılmıştı ama cehennem hakkında bir şeyler bilsek bile Stalin kelimesinin ne anlama geldiğine dair en ufak bir fikrimiz yoktu. Çok sonra anlayacaktım Stalin'in kim olduğunu ve öldüğünün açıklandığı gün bizi niye öyle yürüttüklerini.

O sırada klarnet müziği birden sonuna geliyor. Kasetçaların butonu tak diye atıyor ve adam uyanıyor. Öyle mahmur ve yavaş hareketlerle değil, son derece enerjik bir biçimde gözlerini açar açmaz benim farkıma vararak doğruluyor. Yaşlı adam hareketi değil bu; ancak gençlere yaraşır. Biraz önce uyurken yüzüne yerleşen sükûnet ifadesi birden dağılıyor, fırtınalı ilginç yüzü ortaya çıkıyor. Zeki, huzursuz ve dürüst. Evet dürüst! Belki Elia Kazan'ı basından ve dedikodulardan tanıyanlar için doğru bir tanım değil bu. McCarthy dönemindeki ifadesini onun bütün hayatına yayarak düşünenleri, uzun bir sanatçı ömrünü tek bir hatayla damgalayarak üstün yaratıcılığının öcünü almak isteyenleri kızdıracak bir niteleme ama benim tanıdığım, on beş yıl dostluk ettiğim Elia için kullanabileceğim sıfatların arasında bu da var.

Kendisini onun kadar hırpalayan, zayıflıklarını, ruhundaki gölgeli noktaları acımasızca gözleyen, neredeyse kendi kendinin yargıcı ve celladı olan bir başka kişi tanımadım şimdiye kadar. Adorno'nun sözleriyle: "Normal insanların ahlaki bir yükümlülük saydığı şey onda bir takıntıydı; sürekli olarak kendi hatalarını yakalamaya uğraşıyordu." Kendine acıma, pişman olma, günah çıkarma, sempati kazanma, merhamet talep etme biçiminde bir öz sorgulama değildi bu. Tam tersine, belki de kendini daha da zor duruma düşürecek biçimde hep keskin bir bıçağın ucunda yürümeyi tercih ediyordu. Bu hali, kendini "kurnaz bir Anadolulu" olarak tanımlamasına tersti. Neredeyse insanı içten yiyip bitiren bir "Mea Culpa" ahlakına daha uygundu. Çünkü Anadolu, kendini dünyadan denizle ayıran ve Roma hariç işgale uğramayan Britanya veya Japonya gibi "dokunulmadan" kalmamıştı. Küçük Asya denilen ve milattan önce on bin yıla ait uygarlık kalıntıları bulunan bu toprak, binlerce yıl boyunca değişik kavimlerce işgal edilmişti. Hattiler, Hititler, Frigya, İyonya, Karya, Bergama medeniyetleri, Büyük İskender, Romalılar, Bizanslılar, Persler, Araplar, Türkler, Moğollar, Haçlılar, Ruslar, İngilizler, Fransızlar, İtalyanlar. Kafkasya, Mezopotamya ve Balkanlar gibi tarih boyunca alev alev yanmış üç belalı bölge arasındaki bu topraklarda hayatta kalabilmek; yeni gelen her güce boyun eğmekle, gerçek düşüncelerini bir riyakârlık perdesi altında gizlemekle mümkündü. Elia'nın "Anadolu gülüşü" dediği ve halıcı babasından öğrendiği şey buydu işte. Sahte bir gülüş. *Amerika Amerika* filminin ilk adı da *Anadolu Gülüşü* idi zaten. Ama Elia bu tanıma girmiyordu. Bence kendine haksızlık etmişti; belki de kendini hırpalama, cezalandırma yönteminin bir parçasıydı bu.

Öz yaşam öyküsünü yazarken bu kadar derine inmesi, kendini çırılçıplak toplumun önüne atması da ailesini, annesini, eşlerini, çocuklarını, dostlarını üzme pahasına göze alınan korkunç bir cesaret örneği. Her an, Calut'un karşısına dikilme gözü pekliğini gösteren ufak tefek, çelimsiz bir adam. Ay tanrıçasına âşık olan çoban Endymion gibi kaderini bilme cezasına çarptırılmış, değiştirmesinin mümkün olmadığı korkunç bir sona doğru ilerlediği halde, son ana kadar mücadeleyi elden bırakmayan bir karakter. Alaycı, küstah, kuşkular içinde ama cesur. Kendisine karşı, entelektüel bir mazoşizm sayılabilecek derecede öfkeli. Kısacası "Gelen ağam, giden paşam!" sözünü yaratan, sadece hayatta kalmaya odaklı ve bu amaç için her türlü ahlaki yargıyı çiğnemeye hazır Anadolu geleneğine mensup değil.

Bu tutumu, belki de Anadolu'nun daha az rastlanan isyancı geleneğiyle ilişkilendirilebilir. Sıkça değişen egemenlikler karşısında, şekli değişse de özü değişmeyen bir tabi olma alışkanlığına neden olan koşullar içinde, başkaldıran kişiliklerin gelişmesi kolay değil. Ama bir ortaya çıktı mı, dünyanın başka yerlerine göre daha şiddetli, daha hırpalayıcı ve daha adanmış bir tarz ortaya çıkıyor. Börklüce'lerden Nâzım'lara uzanan bir asilik damarı bu. Kitlesel boyun eğmelere neden olan aynı koşulların ortaya çıkardığı başkaldırılar.

Şimdi düşünüyorum da belki HUAC Komisyonu önünde ifade verirken, Elia'da bir Anadolu geleneği olan boyun eğme eğilimi ağır basmış olabilirdi. Ama özellikle ileri yaşlarında bu olayla hesaplaşması ve dünyayla âdeta savaşması da kişiliğinin farklı bir Anadolulu yönünü, bu sefer de başkaldıran insan özelliğini işaret ediyordu. Bir iç savaş, bir hesaplaşma.

Amasya'daki sinema locasında oturup gözlerini perdeye dikmiş yedi yaşındaki çocuğun, izlediği o filmleri yapan kişiyle bir gün tanışma olasılığı, uzaya gitme hayallerine eşdeğer bir akıldışılık taşıyabilirdi ancak. Yıllar sonra, sevgili arkadaşım Yaşar Kemal, "Elia geliyor hadi havaalanına gidip karşılayalım." dediğinde de aklıma bir arkadaşlık, yıllar sürecek bir dostluk gelmemişti ama öyle oldu. Hani bazen insan insanla kaynaşır ya; Elia'nın İstanbul'a ilk kez getirdiği karısı Frances, Ülker, Elia ve ben çok yakın dost olduk. Birbirimizin evinde kaldık, üst üste kaç yaz Ege denizindeki bir teknede tatillerimizi birlikte geçirdik. Elia, eşim Ülker'i o kadar sevdi ki *Beyond the Aegean* (Ege'nin Ötesinde) adlı son romanındaki bir karaktere onun adını vermekte tereddüt etmedi.

Çocukluk sinemamda beyaz perdede devleşen kadın ve erkek oyuncuları bilmeme de, tanımama da olanak yoktu elbette, zaten çoğu dünyada ışıklı izler bırakarak öldüler ama ne garip ki hayat, Elia'dan tamamen bağımsız bir biçimde, onun Arthur Miller gibi bazı önemli kader arkadaşları ile yolumu kesiştirdi. Hem de olağan sayılamayacak koşullar altında, dünyanın uzak köşelerinde. Mesela Kırgızistan'da karlı dağların çevrelediği Issık Gölü kıyısında kısrak sütü içer, avlanan kartalları izlerken ya da henüz glasnost ve perestroykayı ilan etmemiş olan Mihail Gorbaçov'la Kremlin'de görüşürken; Reykjavik'ten Ronald Reagan'la yapılan zirveden yeni dönmüş olan Komünist Parti Birinci Sekreteri'nin izlenimlerini dinlerken. Bir zamanlar Group Theater'da komünist partiye yakınlık duymuş, daha sonra McCarthy komisyonuna direnmiş olan *Cadı Kazanı* yazarı yanımda oturuyordu ve ben onun o anda Kremlin'de neler hissettiğini düşünmekten kendimi alamıyordum. Zaten Kremlin çıkışında da onunla Elia Kazan üstüne konuştum.

21 Ekim 1986 günü olmuştu bu görüşme. O tarihten on gün önce, Çin sınırına yakın Tien Şan dağlarının üstünde "parti" nin lüks bir uçağıyla uçarken de yan yana oturuyorduk.

Bir gün önce Yaşar Kemal'le birlikte İstanbul-Moskova uçağına binmiş, Şeremetyevo Havaalanı'ndan siyah Zil limuzinlerle alınarak Sovyetskaya Oteli'ne götürülmüştük. Orada hepimize beşer odalı, salonlu süitler verilmişti. Bana ayrılan süitte piyano bile vardı. Otelin lokantasında Alvin Toffler ve Arthur Miller'la karşılaşmıştık. Biraz sonra James Baldwin, kardeşi aktör David ve Peter Ustinov geldi. Sonunda Sovyetskaya Oteli'nde beklenen konuklar tamamlanmıştı ve 12 Ekim akşamı hepimizi bir otobüsle havaalanına götürdüler. Bizi bekleyen özel bir Aeroflot uçağına alındık. O zamanki adı Frunze olan Bişkek'e dört saatlik gece uçuşumuz, gerçekten rahat ve ilginçti. Uçakta görevliler, bir doktor ve çevirmenlerimiz de bize eşlik ediyordu.

Yol boyunca Arthur Miller ve eşi lnge Morath'la sohbet ettim. Arthur Miller, Londra'dan geliyordu. Bir oyunun açılışına katılmıştı. Ayrıca BBC onun otuz yıl önce yazdığı ve yitirdiği bir oyunu bulmuş, radyo oyunu olarak sunmak istemişti. "Unutmuş olduğum gençlik oyunumu okudum ve doğrusu hiç de fena bulmadım." diyordu.

Özgeçmişini yazmış. "1200 sayfa oldu. Sanırım kısaltmam gerekecek." dedi.

"Öyle ilginç bir çağa tanıklık ettiniz ki, çıkaracağınız her satır bizim için bir kayıp olur." dedim.

Ve ona Elia Kazan'ın da anılarını yazdığını söyledim. "Benden bahsediyor mu?" diye sordu merakla. "Herhalde" dedim, "Hatta mutlaka! Bana sizden çok sık söz ediyor ama kitap henüz çıkmadığı için bilmiyorum."

Gerçekten de Elia Kazan İstanbul'dayken anılarını yazdığını ama yayımlanmasının biraz zaman alacağını söylemişti. Sebebini sorunca da "İçinde o kadar çok isim geçiyor ki; yayınevinin avukatları en az bir yıl incelemek zorunda." demişti. "Yayımlandığı zaman kimse dava açmasın diye..."

Acaba avukatlar Elia'nın hem kendisine hem de çevresine karşı sonsuz bir dürüstlük taşıyan, can yakıcı dilini nasıl sansürlemişlerdir; hep merak ederim. Önerileri kabul etmiş olabileceğini hiç sanmıyorum.

Arthur Miller'a, Elia'nın ondan sıkça söz ettiğini belirtmiştim ama neler dediğini saklamıştım, o da sormamıştı. Elia onun için "Severim ama," diyordu "gerçeği söylemek gerekirse, çok kibirli bir insandır." Bunun dışında arkadaşlıklarına her zaman saygı gösterdiler; ikisinin ağzından da birbirleri aleyhine en ufak bir söz duymadım. Gençlik yıllarında çok yakınlardı. Hatta Arthur Miller, *Bütün Oğullarım* adlı oyununu ona ithaf etmişti. Onun en güzel oyunlarının yönetmeniydi. Kendisi HUAC engizisyonunun karşısına Marilyn Monroe'yla beraber çıkmış, ifade vermiş, onca baskıya rağmen başka insanların isimlerini vermeyi reddetmişti. Bu da yüceltmişti onu elbette. Ama daha sonra, zararsız da olsa birtakım isimler zikrettiği için ona dert yanan Elia'nın omzuna kolunu atarak "Üzülme, ben senin yüreğinin doğru yerde olduğunu biliyorum." demişti. Müthiş bir dostluk doğrusu.

Elia nasıl kaderini McCarthy'den ayıramamışsa, Miller'ın adı da Marilyn Monroe'yla bütünleşmişti. Bu kadar büyük ve önemli bir yazar olmasına rağmen dünyanın hangi köşesine gitse Marilyn sorularıyla karşılaşıyordu. Ne *Satıcının Ölümü*'ne aldıran vardı ne de *Cadı Kazanı*'na. Varsa yoksa Marilyn'le evliliği. Orta Asya'daki Frunze kentinde, Issık Göl'de, İsviçre'de Jungfraujoch Tepesi'nde, İstanbul'da vs. O da bu soruları maske gibi ifadesiz bir yüzle karşılıyor, genellikle cevap vermiyordu. Ama ondan daha zor durumda olmasına rağmen, kişiliği ve sevimliliği sayesinde durumu lehine çevirmesini bilen müthiş bir kadın vardı yanında; karısı Inge Morath Miller. Hem usta bir fotoğrafçı hem de insan denilmeye layık bir insan. Onlarla ilk kez tanışırken herkesin aklına Marilyn Monroe düşüyordu ama bir iki gün içinde bu izlenim siliniyor, Inge Morath saygın kişiliğiyle çevresindekileri kendine hayran bırakıyordu. Sadece Kırgızistan'da bizimle birlikte bulunan Fransız yazar Claude Simon'u etkilememişti herhalde ki, o yılın Nobel Edebiyat Ödülü'nü kazanmış olan bu yazar Fransa'ya dönünce Kırgızistan buluşmamız üzerine *L'invitation* adlı küçük bir kitap yayımlayarak herkesi yerin dibine batırmış, bu arada da Arthur Miller'a "Dünyanın en güzel kadınının ikinci kocası" diye seslenmek ayıbına düşmüştü. Ama Kremlin'de Mihail Gorbaçov, Morath'ın fotoğrafçı olduğunu öğrendiğinde "Ne güzel mesleğiniz var hanımefendi." diyerek iltifat etmişti ve arkasından eklemişti: "Ama keşke ben, bir haftacık olsun fotoğrafçılardan uzak kalabilsem."

Moskova ve Kırgızistan buluşmasının ilginçliği üzerine çok düşünmüşümdür. Kader mi diyeceğiz, rastlantı mı bilmem ama McCarthy döneminde başı derde giren Arthur Miller'ın, Sovyetler Birliği'nin çöküşüne tanıklık edeceğini ve rejimin başındaki en yetkili kişiyle bu konuları tartışacağını kim tahmin edebilirdi ki? O dönemi kitaplardan okuyan ben, Clifford Odets'i, Lillian Hellman'ı, Lee Strasberg'i, Group Theater üyelerini tanımadım. Zaten çoğu ben daha Amerika'yı görmeden önce ölmüşlerdi. Ama yıllar sonra, McCarthy döneminin iki önemli ismiyle dost olmuştum. Biri o dönemin lanetini üstünden atmak ve bu günahtan kurtulmak istiyordu; öteki ise bir zamanlar umut bağladığı Sovyetler Birliği'nin çöküşüne tanık oluyor, hatta bu çöküşü tetikleyen bir toplantıya katılıyordu. Acaba Arthur Miller, Kremlin'de Mihail Gorbaçov'la iki buçuk saat sohbet ederken, eski günler geliyor muydu aklına? Elips şeklinde bir masanın başında Mihail Gorbaçov, bizlere Ronald Reagan'la Reykjavik Zirvesi'nde konuştuklarını anlatıyordu. İki yanında Yaşar Kemal ve Peter Ustinov oturuyordu. Benim yanımda Arthur Miller ve James Baldwin vardı. Karşımda ise Heidi ve Alvin Toffler.

Elia Kazan bu toplantının ayrıntılarını çok merak ediyor ve ona her ayrıntıyı anlatmamı istiyordu. Meğer tek merak eden o değilmiş. Aradan yıllar geçti, 1996 yılında -yani Kremlin'deki ilk toplantıdan on yıl sonra- Mihail Gorbaçov'un bu toplantıdan ve bizlerden de söz ettiği *Anılar* kitabı Amerika'da yayımladığında, C-Span kanalından Brian Lamb, Gorbaçov'la bir söyleşi yaptı ve ona 1986 Ekim'indeki Kremlin toplantısını şu cümlelerle sordu: "Perestroykanın belki de bir toplantıyla başlamış olabileceğini belirttiniz. Bu toplantıda, Sovyetleri Perestroykaya götürecek ne oldu?"

Gorbaçov ona şu cevabı vermişti: "Bu, son derece saygıdeğer ve itibarlı insanlarla yapılan bir toplantıydı. Bizim ülkemizden de katılanlar vardı. Mesela ünlü yazarımız Cengiz Aytmatov ve diğerleri. Arkadaşım Aytmatov bu insanlarla buluşmamı istemişti. Ben de 'Tamam, kısa bir toplantı olacak' demiştim. Ama Kremlin'deki ofisimde birkaç saat geçirdik. Hepimiz için hayranlık uyandırıcı konuşmalar geçti aramızda. Toplantı sırasında onları dinlerken, ben de tartışmaya katıldım ve onun bir parçası oluverdim. Çünkü aynı şeyleri düşündüğümüzü görüyordum."

Gorbaçov bundan sonra evrensel değerlerin, ulusal çıkarların önüne geçmesi gerektiği düşüncesine ağırlık veren konuşmasını özetliyor ve diyor ki:

"O zamanlarda bunları söylemek, Genel Sekreter'in hiç alışılmadık ve geleneği sarsan düşünceler belirtmesi anlamına geliyordu."

İki saatin sonunda Kremlin'den kar altındaki Moskova'ya çıktığımızda, duygularını kolay kolay belli etmeyen Miller dâhil, bütün grubun heyecanlı olduğunu görüyordum. Sanki herkes, dünyanın daha hızlı dönmeye başladığını hissediyordu. Burada Alvin Toffler'ın hakkını teslim etmem gerekir. Daha o toplantıdan çıkar çıkmaz bize "Dünya yeni bir devreye giriyor. İdeolojik blokların yerini mikro milliyetçiliklerin ve din savaşlarının alacağı bir döneme. Biz bugün bunu öğrendik." dedi. Bir otobüsle basın toplantısına götürüldük; Sovyet ve dünya basınına yeni Genel Sekreter'in özel görüşlerini anlattık. Bu toplantı o akşam Sovyet televizyonunun ana haber programı Vremya'da ilk haber ve ertesi gün çıkan Pravda'da manşetti. Daha sonra Time dâhil, pek çok yerde yayımlanacaktı. Ertesi gün Moskova'dan ayrılarak dünyanın değişik bölgelerine uçan bizler, bu yayınlarla Gorbaçov'u nasıl zor bir durumda bırakmış olduğumuzu bilemezdik elbette. Gorbaçov, bu zorluğu şöyle anlatıyordu C-Span'e:

"Toplantıda konuştuklarımızı yazıya döktüler, benim söylediklerimi yayımladılar ve Sovyetler Birliği'nde düşünen insanlar, özellikle Marksist felsefeyle ve ideolojiyle ilgili olanlar, şok geçirdiler. Bu şokun etkisiyle bazıları yumuşak, bazıları sert tepkiler verdiler. Tepkisi sert olanlar 'Genel Sekreter'in söyledikleri ihanet anlamına gelir!' demeye başladılar."

Bu suçlamaları göğüslemek zorunda kalan Gorbaçov'un, Perestroyka ve Glasnost'u öne çekmek zorunda kaldığı söylenebilir mi? Belki de. Çünkü Gorbaçov 2002'de Harvard Üniversitesi'nde perestroykayı anlatırken yine bu toplantıya vurgu yapıyor ve diyor ki: "Belki de perestroyka bu toplantıyla başladı."

Elia'nın bu toplantıyı ve Arthur Miller'ın komünist rejimin çöküşüne tanıklık edişini çok tuhaf bulduğunu hatırlıyorum. Oysa Miller'ın artık Marksizm'e inanmadığı çok açıktı. Orta Asya'da söylediklerini not almıştım. Dünyanın yeni sorunlara eski ideolojilerle çare aradığı, bunun da imkânsız olduğu görüşündeydi. Ona göre iki bilim insanı olan Adam Smith de Karl Marx da büyücü değildi. Bugünün sorunlarına o dönemde çözüm bulmuş olamazlardı. İlk kez duyduğunda insanın kulağına hoş gelen bir sözdü bu. Ama üzerinde biraz düşününce, şüphe duyulmayacak gibi de değildi. Her şeyden önce, "bugünün sorunları" derken ne kastedildiğini açıklamak gerekiyordu. 150 yıl içinde gündelik hayat bambaşka bir hal almış olsa da, sömürü meselesi ve buna bağlı baskıcı yönetim anlayışları değişmiş miydi? Doğrusu, "dünyanın yeni sorunları", temel çelişkiler açısından hiç de yeni sorunlar değildi. Bu durumda, sadece, kaybeden tarafta yer aldığımızı kabul edebilirdik. Kazanamamak, hiçbir şekilde haklı tarafta bulunduğumuz gerçeğinin önüne geçemezdi; birlikte yola çıktığımız insanların dostluğundan ve anılarından kopamazdık.

Orta Asya'daki o buluşmamızda Arthur Miller'ın, İstanbul'a geldiği zaman tanıştığı bazı Türk aydınlarıyla yaptığı tartışmayı bana anlatışını da hatırlıyorum. Yüz ifadesinden ve sesinin tonundan hâlâ kızgın olduğu belliydi. Türkiye'nin önde gelen bazı yazar ve aydınları Miller'ı Boğaz'da bir balık lokantasına götürmüşlerdi. Orada söz, nasıl açıldı ve oraya geldiyse, dünyada iyi ordu ve kabul edilebilir savaş olup olmadığı konusuna varmıştı. Türkler ısrarla "Bütün savaşlar kötüdür, lanetlenmesi gerekir" derken, Miller bazı savaşların gerekli olduğunu, mesela Nazilere karşı savaşan Amerikan ordusunun o dönemde iyi bir iş yaptığını söylemişti ama ne derse desin, Türklerin inadını kıramamıştı. Belki Kurtuluş Savaşı'nı örnek verse daha ikna edici olabilirdi.

Karlı dağlarla çevrili, nefes kesen bir güzelliğe sahip Issık Göl kıyısında konuşuyorduk bunları. Sanki bildik, tanıdık dünyanın dışında bir yerdeydik. Söz dönüp dolaşıp Türkiye'de aydınların yaşadığı sıkıntılara geldi. Ona, askeri cezaevinden çıktıktan sonra pasaport alamadığım için sahte bir pasaportla yurtdışına gitmek zorunda kaldığımı anlattığım zaman güldü ve "Ben de pasaport alamamıştım bir zamanlar!" dedi. Ben bu sözlerine hayret ettim. Çünkü ABD kafamızda başka şekilde canlanıyordu; Huberman'ı, Sweezy'yi, sendikaları, çocuklukta öğrendiğim *16 Ton* adlı madenci şarkısını, Paul Robeson'u, Pete Seeger'ı biliyorduk ama yine de ABD deyince aklımıza "sol" gelmiyordu.

Miller'a başımdan geçen ilginç pasaport hikâyelerini anlattım. İlk pasaportum, Mehmet Ali Basmacı diye tanımadığım bir kişi adına düzenlenmiş sahte bir pasaporttu. Sıradan, Türkiye Cumhuriyeti yurttaşlarının aldığı lacivert kaplı bir pasaport. İkinci pasaportum, İsveç'te bana verilen bir siyasi mülteci belgesiydi. Birleşmiş Milletler'in en alt düzey pasaportuydu bu ve soluk mavi renkteydi. Üçüncü pasaportum, hükümetin ilan ettiği genel aftan sonra aldığım, kendi adıma düzenlenmiş lacivert kapaklı pasaporttu. Bundan sonrakinin rengi kırmızıydı, çünkü 1996 yılında Paris'te, UNESCO beni İyi Niyet Elçisi seçmişti ve bana BM'nin, Genel Sekreter imzasıyla en yüksek pasaportu verilmişti. Öyle ki bu pasaport diplomatik dokunulmazlık sağlıyor, yabancı ülkelerde diplomatlara ayrılmış özel bölümlerden geçmek dâhil, bir kriz anında o ülkeyi terk edebilmek için öncelik hakkı gibi bir sürü ayrıcalığı içeriyordu. Miller'a anlatamadığım, Orta

Asya buluşmamızdan epey sonra, 2002 yılında olan bir gelişme daha vardı. İstanbul Milletvekili olarak parlamentoya seçildiğimde, TC'nin en yüksek kırmızı pasaportunu ve Avrupa Konseyi Milletvekili kimliğini de almıştım. Miller'a bu öyküyü anlatırken, "Gençliğimden beri aynı insanım, hiç değişmedim ama insana değil, cebinden çıkan kâğıtlara değer veren sistemler, pasaportlarımın renklerinden dolayı bana farklı muameleler uyguladılar." dedim: Kiminde bir suçlu, kiminde bir diplomat, kiminde bütün kapıları açan sihirli bir belgeye sahip bir adam. "Durum Kafka'nın temalarını andırmıyor mu?" diye sordum. Güldü ve gerçekten andırdığını söyledi; "Piyes konusu bu." dedi. Toplantı sırasında konuşmamı yaparken, Miller'ın Türkiye'ye gelerek PEN Kulüp adına siyasi mahkûmlara yardımcı olmaya çalıştığını vurgulamama memnun olduğunu söyledi, teşekkür etti.

Elia'nın bir oyuncusuyla da Avrupa Film Ödülleri jüri üyeliği dolayısıyla İskoçya'da bir araya gelmiştim. *Uzlaşma* adlı otobiyografik romanının filminde, Deborah Kerr, Kirk Douglas'ın eşi Constance rolündeydi. O zamanlar genç ve güçlü bir kadındı ama ben yıllar sonra Turnberry Otel'de, toplantı yaptığımız salonla aynı katta olan lokantaya götürmek için koluna giriyor, onu desteklemeye çalışıyordum. Çünkü yaşlanmıştı ve dizleri çok kötü durumdaydı. Şömine başındaki toplantı sırasında, jüri başkanı Ingmar Bergman'la yarım saat boyunca, ikisinin de hayran olduğu Lillian Gish üzerine konuşmuşlardı.

SPORT
POLICE

Elia ve "Benim Gibi Bir Türk"

Elia, ailesinden devraldığı bir kültürel mirasla, Türklerden hep korkmuştu. Onun gözünde Türk, kaba saba, sert, vahşi ve ilkel demekti ki bu tanım Osmanlı sarayının Türk tanımına da son derece uymaktaydı. Hanedanın kökeni Orta Asya Türklerine dayanmasına rağmen kendilerini o kadar kozmopolit bir kültüre emanet etmişlerdi ki, Anadolu Türk köylülerine "idraksiz Türkler", "çirkin yüzlü Türkler" demekten geri durmuyor ve birisine çok kızdıkları zaman "Bre vahşi Türk" diye hakaret ediyorlardı. Bu mirasla, yani Türk korkusuyla büyümüş olan Elia, bana bir gün bir itirafta bulundu. "Çok garip" dedi, "Yaşlılık yıllarımda sizlerle yakınlaştıktan sonra, Türkleri sevmeye başladım ben. Öyle ki Yunanistan bana daha yabancı artık."

Gülümsedim. İstanbul'daydık, Tarabya semtindeki evimde kalıyorduk. Ev bir korunun içindeydi, ortalık çam ve ıtır kokularıyla doluydu ve korunun ötesinde Boğaziçi'nin "tatlı suları" yansıyordu.

"Sebebini biliyorum." dedim. "Çünkü ben ve sana tanıştırdığım hiç kimse, o dediğin Türklere benzemiyoruz." Ve yarı şaka yarı ciddi ekledim: "Açık söylemek gerekirse, o Türklerden biz de tedirgin oluyoruz. Ama senin bu farklı Türkiye'yi tanımış olmana sevindim."

Sonra ailesinin kafasına yerleştirmiş olduğu -ve birçok Yunanlı dostumda gördüğüm- Türklük, Rumluk önyargılarını sarsacak şeyler söylemeye başladım ona. Belki biraz abartıyordum ama üstü örtülmüş bir cevheri açığa çıkarabilmek için, ille de kuvvetli kazma darbeleri vurmak gerektiğinin bilincindeydim. İstanbul'da evin bulunduğu semtin adına dikkatini çektim önce: Burası Tarabya! Rumcası Therapia; yani terapi. İstanbul'un birçok mahallesi gibi Rumca bir ad taşıyordu. O gün henüz bilmiyorduk, ama ilerde Elia'nın iyileşmek için İthaka'ya doğru çıktığı yolculuktaki ilk durağı Therapia olacaktı.

"1453'te Konstantinapol'ü Türkler aldığı zaman, Roma medeniyeti sona ermedi." diyerek ona tarihten, bugünümüzü belirleyen ilginç bir tarihten söz etmeye başladım. "Sultan Mehmet, yeni Doğu Roma imparatoru oldu. Zaten resmi unvanı da Kayser-i Rum idi. Yani Roma Sezar'ı. Çok iyi Yunanca ve Latince biliyordu. Homeros okuduktan sonra Truva'ya giderek, Aşil'in mezarını ziyaret etmişti. Papa Pius'a, "Helenlere karşı Truva'nın ve Hektor'un öcünü aldığını" yazmıştı. Kendisini yetiştiren üvey annesi (Mara Brankoviç) ve karısı da Ortodoks'tu. Hiçbir zaman İslam'a dönmemişlerdi. Konstantinopol'ün adını değiştirmediği gibi, Aya Sofya ve Aya İrini gibi kiliselerin adlarına da dokunmadı. Aya İrini camiye de dönüştürülmedi. Yüzyıllarca kilise olarak kaldı. Yeni patrik seçimi yapıldı ve Mehmet ona saygı gösterdi. Ama daha da ilginç bir şey söyleyeceğim sana. Helen'in oğlu Konstantin'in kurduğu şehir, başka bir Helen'in oğlu, başka bir Konstantin tarafından kaybedildiğinde çok ilginç bir şey oldu. Savaşırken elde kılıç ölen Konstantin Paleolog'un iki yeğeni -ki zamanı gelince Bizans imparatoru olabilirlerdi- Mehmet tarafından vezir yapıldı. İkisi de yıllarca Osmanlı İmparatorluğu'nun yönetim kademelerinde en üstte yer aldılar. Mehmet de ölünce kendisini Büyük Konstantin,

Justinianos, Theodora, Zoe ve diğerlerinin yattığı yere gömdürdü. Hristiyan karısını da."

"Eee" dedi Elia biraz terslenerek, "Ben tarihle ilgilenmem, niye anlatıyorsun bunları bana?" Tarihten anlamadığını, âdeta övünerek söylüyordu. Aslında aynı şeyi, entelektüel olmadığını ileri sürdüğü zaman da yapıyordu. Amerika'da üniversite okumuş, edebiyat bilen, Tennessee Williams gibi yazarların eserlerini sahnelemiş, kendisi de müthiş romanlar yazmış bir adam olarak "entelektüel olmadığı" iddiasındaydı. Oysa bir entelektüeldi; yani hayatını düşünerek yaşıyordu, entelekti her şeyin önündeydi. Nedense bunu inkâr eden bir tutum içindeydi hep.

Üç Oscar heykelciği olan yönetmen, sinemada da lenslerden, teknikten anlamadığını iddia ederdi. Beckett, Brecht hatta Shakespeare'den sıkıldığını söylerdi. Brecht'in bir oyununu yönetme teklifini reddetmişti. Ne garip değil mi? New York entelektüel dünyasının en önemli isimlerinden biri olmasına, 20. yüzyılın zirvelerine tırmanmasına rağmen, Anadolulu olduğunu iddia eden bu adam, şöhretin büyüsüne kapılmadı hiç.

Ege Denizi'nde "Mavi Yolculuk" dediğimiz tekne yolculuğunda, o da ben de açık havada yatmayı sevdiğimiz için, geceleri güverteye uzanır, şaraptan mahmurlaşmış bir biçimde yıldızları izleyerek sohbet ederdik. Gecelediğimiz koydaki reçine kokusu, gecenin mutlak sessizliği ve yüzümüzü okşayan hava, onu anılarından söz etmeye yöneltirdi. Neredeyse nefes almadan dinlerdim. Bazen çok mahrem şeyler de anlatırdı; ben onun kadar cesur bir insan olmadığım için yazamayacağım şeyler. Hayatına girmiş onca önemli insandan söz ederken, sanki köşe başındaki bakkalı ya da otobüs biletçisini anlatır gibi, onların şöhretini hiç umursamadan konuşurdu. Gençlik yıllarının sevgilisi Marilyn Monroe, hiç âşık olmadığı "iyi kalpli bir taşralı kız"; Marlon Brando, *Rıhtımlar Üzerinde* filmini çevirirken, kendisi ve bütün ekip korkunç soğukta beklemek zorunda kaldığı için, sıcak otelde dinlenmesine kızdığı ama olağanüstü yeteneğine saygı duyduğu bir aktör; Karl Malden "sıkı dost"; Kirk Douglas, *Uzlaşma* filminin başarısızlığına yol açan kibirli bir adamdı mesela. Kendi dâhil, hiç kimsenin şöhreti Elia'nın umurunda değildi. O, yıldız tozlarının ardındaki insanı görürdü her zaman.

Bir gün Paris'te İtalyan yönetmen Rosi'nin, Gabriel García Márquez'in harika kitabından uyarladığı filmi görmüştük. Bence kötü ve esere yakışmayacak bir film olmuştu. Nitekim ertesi gün sivri dilli Libération gazetesi, romanın (ve filmin) adı üstünde oynayarak "Chronique d'une merde annoncée" diye zalim bir başlık atmıştı. Kitabın ve filmin orijinal adı *Chronique d'une mort annoncée*, yani "Önceden Bildirilmiş Bir Cinayetin Anlatısı" idi. Ama Liberation gazetesi Fransızcada ölüm anlamına gelen mort kelimesini, bok anlamına gelen merde ile değiştirmişti. Elia gazeteye de, bana da öfkelendi. "Rosi çok iyi bir adamdır." diyordu. "Harika biridir." "Ama film..." demek isteyince de, beni susturarak "Önemli değil," demişti, "insan iyi film de yapar, kötü film de. Bu, Rosi'nin önemini azaltmaz. O benim arkadaşım. Bir filmi kötü çıktı diye karalanmasına izin veremem."

O günden beri bu söz, kulağıma küpe olmuştur. Evet, insan iyi film de yapar kötü film de, iyi roman da yazar kötü roman da. Önemli olan arkadaşına laf söyletmemendir.

Bu yazdıklarımın, HUAC'ta arkadaşlarının adını veren bir insana pek uygun kaçmayabileceğinin farkındayım ama ne yapayım ki, gerçek bu. Elia belki de bütün hayatı boyunca HUAC trajedisinin kefaretini ödedi. Bu yüzden dostluğa, arkadaşlığa diğer sanatçılardan daha çok önem verdi. Yoksa bu büyük yönetmen, benim gibi bir "Türk'ün" filminde niye küçük bir rol oynamayı kabul etsindi ki? Bu da bir çeşit kader olmalı. Elia Kazan'ın oynadığı son rol, benim *Sis* filmimde, İstanbul'daki bir kahvede tavla oynayan adam rolü oldu.

Mavi Yolculuk yaptığımız teknenin deniz kokan güvertesinde uzandığımız gecelerden birinde, yüzyılın en büyük yönetmenlerinden biri olan Elia'ya, iyi bir filmin ritmini sormuştum. Amerikalı klasik yönetmenlerin, aktörleri gerçek hayattan yüzde on daha hızlı oynatarak film çektiği söylenirdi hep. Doğru muydu bu? Acaba o ritmi nasıl tutturuyordu?

"Film ritmi, aynen sevişmek gibidir." dedi, Amerikalıların kullandığı daha açık bir deyimle, "Biraz hızlanır sonra biraz yavaşlarsın. Sonra tekrar hızlanırsın. İşte hepsi bu!"

"Niye anlatıyorsun bunları bana?" sorusunda kalmıştık. "Rumlarla Türkler arasında o kadar da büyük bir fark olmadığını anlatmak için" dedim. "Sonuçta beş yüz yıl beraber yaşamış, kültürleri birbirine karışmış insanlardan söz ediyoruz."

"Yani," dedi, "sana göre hepimiz Bizanslıyız."

"Daha doğrusu bir yanımız Doğu Romalı! 18. yüzyıla kadar Bizans diye bir şey yoktu. Alman bir profesör bu adı verdi. Bu şehrin resmi adı, Konstantin'in ilan ettiği gibi 'Nova Roma' yani Yeni Roma'ydı." dedim ama onun bu işe ne kadar aklı yattı bilmem.

Bir ara bu sevgili dost büyük bir acıyla sarsıldı: Oğlu kansere yakalandı ve öldü. Haberi veren Frances'in sesi titriyordu telefonda ve "Elia çok kötü!" diyordu, "Bir mektup yaz ona."

Hemen oturup bir mektup yazdım ve İngilizce mektubun başına, Türkçe "Kara Haber" deyimini yerleştirdim. Elia, cevabında bu Türkçe deyimi aynen kullanıyordu ve mektuptan anlıyordunuz ki, onun içini kanatmış olan evlat acısını, ancak bu iki Türkçe kelime anlatabiliyordu. Çünkü o bir Anadoluluydu. Ruhunun derinliklerindeki en büyük sevinçleri ve en büyük acıları böyle bir kimlikle yaşıyordu. Yıllar sonra onu annesinin köyüne götürdüğüm zaman, daha derinden kavradım bunu.

Elia ve Kadınlar

Elia her ne kadar kendisinin Anadolulu olduğunu iddia etse de bu galiba bir savunma, kendine bir kimlik edinme uğraşının parçasıydı. Çünkü ailesinden aldığı Türkçe köylü şivesi ve bazı gündelik alışkanlıklar dışında, her şeyiyle tam bir New Yorkluydu o.

Dört yaşında gittiği bu şehirde hayatını geçirmişti. 20. yüzyıl Hollywood'unu yaratanlardan biriydi. Hemen hemen bütün arkadaşları, evlendiği kadınlar, âşık olduğu kadınlar ya Amerikalı ya İngiliz'di. Daha ne kadar Amerikalı olur ki bir insan.

Yalnız bazı gündelik davranışları Anadolu köylü geleneklerini çağrıştırırdı, dedim. Bunlardan biri, yemek işine hiçbir seremoni karıştırmaması, bunu görev yapar gibi bir çırpıda halledivermesiydi. Uzun uzadıya yenen şaraplı yemekler, masa başı sohbetleri ona göre değildi. Manhattan'daki evindeyken çoğu zaman, çok sevdiği Ben and Jerry's dondurmasıyla geçirirdi gününü. Frances'in pasta ziyafetleri dışında o evde pek yemek yapıldığını hatırlamıyorum. Dondurma Elia için yeterli bir gıdaydı, hem de çok zevkli bir gıda. Bazen ona gittiğimde, bana da çikolata parçalı kocaman bir Ben and Jerry's kutusu ikram ediyordu ve karşılıklı kaşık sallıyorduk. Elia yemek sofrasına eğreti oturur, önüne konan tabaktaki yemeği beş dakika içinde yutar, sonra da kızdığı bir eşyaymış gibi tabağı elinin tersiyle uzağa iterek Türkçe "İş bitti!" derdi. Bütün Anadolu köylüleri gibi onun için de bir işti bu, zevk değildi. Tok bir köylüyü yemeğe davet ettiğin zaman, elini göğsüne koyarak hafifçe eğilir ve "Sağ ol, biz o vazifeyi gördük." der. Vazife? Hâkim emeklisi dedem de öyleydi. Sofrada konuşanlara kızardı. Yemek son derece ciddi bir işti, duayla başlamalı, şükürle bitmeliydi.

Gariptir ki aynı âdete kutsal Agion Oros Dağı'nda, yani Aynaroz'da da rastladım. Binlerce yıldır kadınların girmesinin yasak olduğu, Kültür Bakanı Melina Merkuri'nin bile büyük çaba harcamasına rağmen giremediği, Ortodoks manastırlarıyla kaplı bu bölgede birkaç gün misafir kalmıştım. Her akşam manastırların dev kapıları, kol demiri vurularak kapatılıyor ve gün doğana kadar açılmıyordu. Tek işi dua etmek olan keşişler günde iki kez yemek yiyorlardı. Sabah

8'de ve akşamüstü 5'te. İlk akşam, başrahibin masasına davet edildiğimde, bol sohbetli, bol şaraplı bir yemeğin hayalini kuruyordum. Çünkü Aynaroz'la ortak anılara sahiptik. Ne de olsa beş yüz yıl Osmanlı bölgesinde yaşamışlardı. Ama sonuç istediğim gibi olmadı.

Keşişler neredeyse askeri diyebileceğim bir disiplinle sıralar oluşturarak girdiler yemekhaneye, tahta sıralara oturdular, başlarını metal tabaklarına eğdiler, duayı dinlediler; birileri yemek dağıttı, sonra başrahibin izin vermesiyle birden kaşıklar çalışmaya başladı, ortalığı metale değen metal sesi kapladı. Keşişler başlarını kaldırmadan ve kimseyle göz göze gelmeden, aceleyle ve sanki büyük bir günahı saklar gibi yemekleri yuttular. Bizim masada da durum farklı değildi. Yemeğin başlangıcında başrahip bana eliyle "Buyurun" işareti yaptı, sonra o da başını yemeğine eğdi. Bu arada ayakta duran bir keşiş, yüksek sesle bir kitaptan Yunanca parçalar okuyordu. Daha sonradan bunların, bütün yemeğin keyfini kaçıracak derecede korkunç metinler olduğunu öğrenecektim. Yemeğin bitiminde, o metinleri okuyan zayıf keşiş gelip başrahibin elini öptü o da ona bir tabak yemek verdi, keşiş de yemeğe başladı, aceleyle. Bu arada kara cübbeli keşişler, yine askeri bir disiplin içinde yemekhaneyi terk ettiler. Her şey on beş dakika sürmüştü. Manastırın avlusuna çıkıp nereye gittiklerine baktım. Kiliseye koşuyorlardı.

Manastıra hüzünlü bir akşam karanlığı çöküyordu ve ben o anda, kadınsız ve her türlü bedensel zevke günah gözüyle bakan bir ortamda bulunmanın ve kapıyı açıp gidemeyecek olmanın iç sıkıntısını yaşıyordum. Kiliseye girdim. Bir köşeye çekilip, yemek yemek gibi bedensel bir zevke kapıldıkları için Tanrı'dan af dileyen çılgın keşişleri izledim. Hayata karşı bir din olabilir mi, diye düşündüm. Tek tanrılı dinlerin hepsinde bulunan bu "zevk düşmanlığı" gözüme daha da tuhaf göründü. Doğa, canlıların temel gereksinimleri için bir "zevk" katmış işin içine. Kendini beslemek, çocuk yapmak, soyunu sürdürmek gibi en temel işlevleri zevk haline getirmiş. Bu keşişler ise doğaya karşı çıkarak onun zevk haline getirdiği şeyi tersine çevirmeye çalışıyorlar.

Elia'daki yemek alışkanlığı Anadolu köylü geleneklerinden mi, yoksa Ortodoks ritüellerinden mi geliyordu bilmiyorum ama yemek dışındaki bütün zevklere, özellikle de kadınlara olağandışı bir düşkünlüğü olduğunu biliyorum. Zaten bunları olanca içtenliğiyle öz yaşam öyküsünde ve *Uzlaşma* romanında anlattı. Büyük bir cesaret işiydi bu. Çünkü Engels'in dediği gibi: "İnsanlar gece yaptıkları işleri gündüz konuşmaya çekinirler." Hele yazıya geçirmek, çok ama çok zor bir iştir. Bunu yapabilmek için insanda Jean Genet, D. H. Lawrence, Henry Miller gibi delice bir cesaret bulunması gerekir ki, Elia'da bu vardı işte. Her satırında kendini çarmıha gererdi.

Kadınlarla ilişkilerinde dikkatimi çeken bazı noktalar vardı. Birkaç kez çok âşık olmuştu ama bu kadınların hepsi de sarışın, Amerikalı (ya da son karısı gibi İngiliz), WASP niteliklere sahip kadınlardı. Buna rağmen, dünyada Amerikan sarışın kadınının simgesi olan ve bir süre hayatını paylaştığı Marilyn Monroe'ya âşık olmamıştı. Hatta onu Arthur Miller'a kendi elleriyle teslim etmiş, sonra da ara sıra onu,

kendisine kötü davranan Miller'a duyduğu aşkı dinleyerek teselli etmek durumunda kalmıştı. Bu teselliler yatakta yapılıyordu elbette.

İlk karısı Molly'ye de âşık olmuştu, son karısı Frances'e de. Elia ilk karısı Molly'yi hiç unutamıyordu. "Ölümünün üstünden bunca yıl geçti ama ben hâlâ Molly'yle konuşuyorum. Önemli kararları hep ona danışıyorum." diyordu. Şimdiki karısı Frances'le aralarında neredeyse kırk yaş fark vardı. Anadolu köylü şivesiyle "Biraz delidir ama iyi kızdır." diyordu onun için. Anadolu'da olduğu gibi, "deli"yi övücü bir söz olarak kullanıyordu. Sonra ekliyordu: "Bu yaşımda bana bir yuva yarattı."

İlginç bir biçimde hayatına, Yunan, Türk, Doğulu, esmer kadınlar hiç girmemişti. Ulaşmak istediği Amerikan hayatına kavuşma isteği miydi bu? WASP'larla yatakta buluşmak ve erkekliğini onlar üzerinde denemek arzusu muydu?

Yaşlanmakta olan erkek sanatçıların bir kısmında kadın düşkünlüğünün arttığı bilinir. Mesela Paris'te Rodin Müzesi'ni gezenler, üstadın son yıllarında hep genç kız heykeli yapmış olduğunu görürler. Bu genç kızlar öylesine uçucu, öylesine kırılgan, öylesine hayal gibidirler ki, insan onların yapıldığı malzemenin yüzlerce kilo mermer olduğunu aklına bile getiremez. Rodin, genç bir tenin yumuşak ve nemli dokusunu taşa geçirmeyi bilmiştir. Sevişen çiftleri gösterdiği heykellerinde, birbirine dolaşmış kollar bacaklar arasında erkek teniyle genç kadın teni rahatlıkla ayırt edilebilir. Oysa ikisi de aynı mermer blokundan oyulmuştur. Picasso'nun kadın düşkünlüğünü söylemeye bile gerek yok.

Roman Polanski, *Roman* adlı öz yaşam öyküsünde, kendisini Lodz'daki okuldan dünya sinemasına taşıyan yolculuğun amacını sorar ve galiba her şeyi güzel kadınlara ulaşmak için yapmış olduğu sonucuna varır. Zaten, sanatın kökeninde iki cinsin birbirine kur yapması ve beğenilmek arzusu çok önemli bir rol oynamıyor mu?

Hayat, kadınla erkek arasında kıvılcımlanıyor; aşk, şiir, şarap sadece bu yüzden var oluyor. Bunu en derinden anladığım günü hiçbir zaman unutmam. 1993 yılının aralık ayında, İspanya'nın Granada şehrinde o güzel, görkemli olduğu kadar da zarif, tarihi Elhamra Sarayı'ndaydık. UNESCO olarak bizce önemli bir işi başarmış ve Şimon Peres'le, Yaser Arafat'ı orada buluşturmuştuk. Gündüzleri, Ortadoğu'daki barış umutlarımızı yeşerten toplantılar yapıyorduk, akşamları ise neşeli yemeklerle geçiyordu. Son gün şerefine bir gösteri düzenlendi. Elhamra Sarayı'nın bir salonunda; İspanyol ve Mağripli müzisyenler bir konser vereceklerdi ve böylece Endülüs'ün o altın çağlarını, bir arada yaşama rüyasının gerçekleştiği dönemi anacaktık. İzleyici koltuklarında yerimizi aldıktan sonra sahneye beyaz entariler giymiş, altı Mağripli müzisyen çıktı. Hepsi erkekti. Sahnenin yarısını boş bırakarak, yarım bir hilal biçiminde dizildiler, sandalyelerine oturdular ve ellerindeki Doğu çalgılarını büyük bir ustalıkla çalmaya koyuldular. Çaldıkları eserler de çok ilginçti. Elhamra'daki Emir'e günün her saati için ayrı makamlarda besteler yapılmış; her gün belli zamanlarda onlar icra edilirmiş; sabah müziği, ikindi müziği, akşam müziği gibi. Konserin bu bölümünü zevkle izledik. Daha sonra hilalin diğer yarısına İspanyol gitarcılar gelip oturdu, bir de fırfırlı kırmızı elbiseler giymiş, güzel bir kadın Flamenko dansçısı geldi ortaya.

Arap müzisyenler sustu, İspanyollar başladılar ve o andan itibaren müzikle birlikte ama müziği de aşan erotik bir heyecan yaşanmaya başladı. Gitarcılar kadına doğru yükselerek müthiş bir tutkuyla akorları basıyor, titreşen tellerden çıkan yanık havaya sesleriyle eşlik ediyorlardı. Kadın ise müzisyenler için dans ettiğini belirtir biçimde kıvrılıyor, bükülüyor, kastanyetlerini çalıyor, onlara sitem ediyor, nispet yapıyor, şefkat gösteriyor, kızıyor ve topuklarını yere vuruyordu. Gitarcılar gözlerini kadından ayırmadan çalıyorlardı. Kadınla erkek arasındaki ezeli ve ebedi gerilimin müzikal bir ifadesiydi bu ve biraz önce erkeklerin kendi aralarında yaptıkları tekdüze müzikle hiç ilgisi yoktu.

O anda kadını toplumdan çıkararak dışlayan İslam dünyasıyla, uygarlığı kadınla birlikte kuran Hıristiyan kültürü arasındaki fark somut olarak belirdi gözümün önünde. İşte en temel sorun, en temel farklılık buydu. Sadece erkeklerin rol aldığı, kadınların eve kapatıldığı ya da örtüler altında gizlendiği bir toplumda uygarlık kurulamıyordu.

Güzel kadının iktidarından daha güçlü bir iktidar biçimine zor rastlanır. Yine bir anı aktarmak zorunda hissediyorum kendimi. Orta Asya'da kurduğumuz Issık-Göl Forumu'nun ikinci toplantısı için İsviçre'nin Wengen bölgesinde, yeşillikler arasında bir kır otelindeydik. Peter Ustinov beni yeni Maserati'si ile Cenevre Havaalanı'ndan almış, Wengen'e getirmişti. Müthiş bir süratle kullanıyordu arabayı, korkutucu denecek büyük bir süratle. Bu arada da İndira Gandi'nin son anlarını anlatıyordu. Onunla bir televizyon görüşmesi yapıyormuş, İndira Gandi bir ara izin isteyip dışarı çıkmış ve silah sesleri duyulmuş. Ustinov, bu trajik ölümden sonra yaşanan şaşkınlığı bile mizah diliyle aktarıyordu. Önce gözleriniz nemleniyor, sonra yavaş yavaş gülmeye başlıyordunuz. İşte sanatçı!

Wengen'e geldiğimizde bizim grubun meşhur üyeleri oradaydı, sadece James Baldwin gelememişti, çünkü Güney Fransa'da ölmüştü. O toplantı için İsviçreli yazar Friedrich Dürrenmatt'ı da getirmişlerdi. Adamcağız çok yaşlıydı, söylenenlerin yarısını bile anlamıyordu, böyle durumlarda sıklıkla görüldüğü gibi yanında genç bir kadın vardı. Onu idare eden, ne yiyip ne yememesi gerektiğini söyleyen, uyku saatlerini ayarlayan, ilaçlarını veren, büyük yazara ulaşmak isteyen heyecanlı hayranları asık bir suratla engelleyen, sarışın bir kadın. Son karısıydı. Toplantılar ve yemekler sırasında katılımcılar bu önemli insanları gözleri kamaşarak seyrediyordu. Ama otelin bahçesindeki bir öğle yemeğinde beklenmedik bir şey oldu. İsviçre dağlarına özgü bir kıyafet giymiş, örgülü uzun sarı saçları iki yanından bırakılmış, çok güzel bir garson kız bahçeye giriverdi. Yemek tabakları taşıyan bir Afrodit'e benziyordu. O andan itibaren bütün gözler (kadınların gözleri dâhil) bu masum ve hiçbir şeyin farkında olmayan genç kıza çevrildi ve ne Miller kaldı, ne Ustinov, ne Dürrenmatt. Bir kez daha fiziksel görünüm, beynin entelektüel zenginliğini yenmişti. "İşte gerçek iktidar!" dedim kendi kendime ve koskoca Truva Savaşı'nın nedenini bir kez daha anladım.

Elia'yı yaşlılık yıllarında tanımış olduğum için gençliğinin yakıcı arzularını, kadınlar yüzünden yaşadığı tehlikeleri ve büyük ihtiraslarını sadece kitaplarından biliyordum. Eşi Frances'e duyduğu aşkı ise zaman zaman gösterdiği ilginç davranışlardan anlıyordum. Bir akşam Yaşar Kemal, Thilda, Ülker ve ben, Elia ve Frances'i Yeşilköy'deki bir balıkçıya götürmüştük. Çok güzel bir akşamdı. Bir ara Thilda Elia'ya, eski aktörleri çok beğendiğini ama yeni aktörlerin pek onların yerini tutamadığını söyledi. Mesela diyerek, çok ünlü bir aktörün adını verdi. Onun hakkında ne düşündüğünü sordu. Elia kaçamak cevaplar veriyor ve durumu geçiştirmeye çalışıyordu. Thilda ise içkinin de etkisiyle durmadan ısrar ediyor, Elia'ya niye cevap vermediğini soruyordu. Bir iki isim verdi. Durumun bir parça gerginleştiğini gören Frances araya girerek "Bakın" dedi, "O aktör benim yakın arkadaşım. Her hafta buluşur, yemek yeriz. Elia bazen aramızda bir şey olduğunu sanıyor. Ondan cevap vermiyor. Oysa böyle bir şey yok."

Frances'i kıskandığı ortaya çıkan Elia'nın bu mahcubiyeti bir kızgınlık perdesi altında gizlemeye çalıştığını hatırlıyorum. "Siz onunla film çevirmediniz ki ben çevirdim. İyi bilirim. Giyinik de bilirim, soyunuk da bilirim. Bacakları ne kadar çarpıktı biliyor musunuz?" diyordu ve biz ne demek istediğini anlamıyorduk.

Zaman zaman konuşmalarından, onun dünyaya kadın erkek ilişkileri açısından baktığını sezerdim. En önemli konu buydu. Siyasetten, toplumdan, paradan, kısacası her şeyden daha önemli...

Aramızdaki Tek Osmanlı, Elia...

Elia'nın sırtında bej kazak, ayaklarında New Balance spor pabuçları. 90'lık bir delikanlı gibi oturuyor. Ona diyorum ki, "Aramızdaki tek Osmanlı sensin!"

Bu sözüm bir şaka değil, gerçeğin ta kendisi. Elias Canetti, Yorgo Seferis, Mikis Theodorakis, Nicolas Sarkozy, Kalust Gülbenkyan, Charles Aznavour, hatta Kim Kardashian gibi onun da kökü Osmanlı'da. Çünkü Elia Kazan, 1909 yılında, Kadıköy'de dünyaya gelmiş. Yani o gün, padişah efendimizin kullarına bir kişi daha katılmış. Gülüyor. "Doğru" diyor, "ben Osmanlıyım."

Buzlu votkasını yudumluyor. Bütün bunları bağıra çağıra konuşmak zorundayız çünkü kulakları zor duyuyor artık. İki tane pahalı duyma aleti varmış (tanesi 5 bin dolar) ama takmıyormuş. Zaten artık sadece dostlarını görüyormuş. Onlarla da böyle bağıra çağıra anlaşabilirmiş.

Karısı, salondaki sehpanın üzerine üç Oscar heykelciğini kondurmuş. Altın heykeller yan yana duruyor. Birinci heykelciği *Centilmenler Anlaşması*, ikincisini *Rıhtımlar Üzerinde* filmiyle almış.

"İlk ikisini almak için çok çalıştım." diyor. "Üçüncüyü ise hediye olarak verdiler."

Yaşam Boyu Başarı Oscarı'nı kastediyor. "Hiçbir önemi yok bunların." diyor. "Oscar için onca yaygara kopardılar. Ben de aldırmadığımı göstermek için, heykelciği herkesin gözünün önünde karımın eline tutuşturuverdim."

Elia Kazan 90 yaşında daha öfkeli, daha direşken... "Türki-

ye doğumlu olduğum için beni adam yerine koymak istemediler. Ama ben kavga ettim. 'Beni dinleyeceksin Amerika!' dedim. 'Beni dinlemek zorundasın!' Sonunda dinlediler."

Martin Scorsese ve Robert de Niro'yu çok sevdiğini bildiğim için filmlerinden söz açma hatasını işliyorum. "Güzel filmler yapıyorlar değil mi?" diye soruyorum.

"Dostlarının yaptığı işe iyi ya da kötü diyemezsin ki. İyi olmasını dilersin. En iyisini yapmalarını umarsın. Dostundur, seversin onları. Hepsi bu kadar işte!"

Yaşar Kemal'den, Thilda'dan, onları ne kadar sevdiğinden söz ediyor. Kayseri üstüne bir kitap yazıyormuş. Kayseri tarihini bilen bir uzmanla konuşmak istiyor. Yaza Türkiye'ye geldiğinde, böyle birini bulup bulamayacağımı soruyor.

Sonra söz eskilerden açılıyor. John Steinbeck'in yeteneğinden ve sarhoşluğundan, Tennessee Williams'ın dostluğundan, James Dean'i oynattığı *Cennetin Doğusu* filminde yaşadığı zorluklardan, en çok *Amerika Amerika*'yı sevdiğinden dem vuruyor. Ama gözü yine Türkiye'de.

Kayıp Kasabamıza Gidelim

Bir akşam komşusuna gittiğimizi hatırlıyorum. Hemen birkaç ev ileride, Elia'nınkine benzeyen bir ev. Orada bizi çok ilginç bir adam karşılıyor: Al Hirschfeld. New York Times çizeri. Frances'in bir arkadaşıyla evlenmiş. Rus usulü, yandan boğazına kadar düğmeli, beli kemerle sıktırılan bir mujik gömleği giymiş, 90 yaşında ak sakallı bir adam. Bize votka ikram ediyor, uzun ve zengin meslek hayatından süzdüğü çok güzel hikâyeler anlatıyor. En tuhaflarından biri de

o sıralarda yeni değişmiş olan New York Times yöneticisinin ona kontratını sorması. Kahkahalar atarak "Ona dedim ki" diyor, "70 yıldır bu gazetenin çizeriyim ama tek bir gün bile kontratım olmadı."

Bu ilginç evden ayrıldığımızda vakit gece yarısına yaklaşıyor. Elia'nın yorulduğunu hissediyorum. Onu evine bırakıp başımda votka sersemliğiyle Manhattan soğuğunda yürürken, Anadolu'nun dünyaya hediye ettiği bu büyük sanatçının kapıda el sallayan görüntüsünü uzun süre içimde taşıyorum. Hep son görüşüm olmasından korkarak ayrılıyorum ondan.

Ve otelime döndüğümde gece boyunca, onun benden istediği şeyi düşünüyorum. Yerine getirilmesi çok zor bir istek ama belki de Yunan bir dostun son arzusu. İthaka'yı bulmak!

Çalışma odasındaki resim ormanına bakarken, genç ve güzel, iyi giyimli bir kadını gösterip sormuştum ona: "Bu kim?"

Annesi olduğunu söylemişti: Athena Şişmanoğlu. Resim 1900'lerin başında Anadolu'da, Kayseri şehrinde çekilmişti. Orayı bilip bilmediğimi sordu. Elbette bildiğimi söyledim. Kadim bir şehirdir dedim. "Peki, o meşhur dağı da biliyor musun?" diye sordu ve güldü. "Babam her zaman bu dağda yetişen üzümlerden söz ederdi bana. Öldüğü güne kadar hep bu üzümleri sayıkladı. Ona göre dünyada başka üzüm yoktu."

Hem anne hem baba tarafının Kayserili olduğunu anlattı. Babasıyla amcasının Kayseri Kapalı Çarşı'da bir halıcı dükkânları varmış. Annesi ise resimde görülen Germir kasabasındanmış.

Resme daha dikkatlice baktım. Görkemli bir Ortodoks kilisesinin önünde duran ve İtalyan Orta Çağı'nı çağrıştıran güzel giysiler giymiş bir genç kadın. "Annemin doğurduğu bütün çocuklar öldü." diyor. "Benden başka... Hepsi de benden küçük üç kardeş kaybettim. Evlat acısı gördüm. Ama insanoğlu her şeyin üstesinden geliyor."

Ben resme dalıp gitmişken birden yakama yapıştığını hissedip şaşırıyorum. Büyük bir tutkuyla kendisini oraya, o kasabaya götürmemi istiyor. "Beni götür oraya, çabuk götür, hemen götür!" diyor.

İyi ama ne zaman, falan diye kırık dökük bir şeyler mırıldanıyorum. Hemen diyor, mümkün olduğu kadar çabuk, hemen. Annesinin kasabasını bulup bulamayacağımı soruyor.

Elbette buluruz, diyorum. Herhalde ismi değişmiştir, Anadolu'daki her Rum yerleşiminin adı değişti, Türkçeleştirildi. Rumlar gittikten sonra, onlardan kalan izleri silmeye giriştiler. Tutulduğu heyecan fırtınası karşısında daha fazla direnemiyorum ve bu çılgın fikre "Peki," diyorum, "gidelim. Annenin memleketini bulalım."

"Tamam" diyor muzip bir gülümsemeyle, omzuma vuruyor. "Tamam, iş bitti."

Elia Kazan, McCarthy komisyonunda ifade verme yanlışından sonra, onu bir ömür boyu cezalandıran çevrelerden kurtuluşu, yıllar yılı farklı yollarla arıyordu. Bu sefer de o cennete geri dönmekte görüyordu çözümü. Resimdeki kasaba çok güzeldi. Bu konuşmadan birkaç hafta sonra İstanbul'a geldi, üç gün evimizde konuk oldu. Şehri gezdik, bir gün vapura bindik ve on beş dakikada İstanbul Boğazı'nı geçip

Avrupa kıtasından Asya kıtasına geçiverdik. Büyükada'ya gittik, çocukluğunda ailesiyle kaldığı Splendid Oteli'nde yemek yedik. Elia, İstanbul'un kalabalık ve çılgın, kozmopolit enerjisini New York'a benzetiyordu. Bir gün onu İstiklal Caddesi'nin girişinde, Aya Triada Kilisesi'nin bahçesindeki Hacı Baba lokantasına götürmüştüm. "İşte" diyordu "tam bir New York lokantası, şu insanların koşuşturmasına bak." Başka bir akşam da onu, yeni İstanbul'u tanıtmak için, fiyakalı bir İtalyan lokantasına davet ettim. Birkaç arkadaşım daha vardı yemekte. Eve dönerken bana tek tek kim olduklarını, ne iş yaptıklarını sordu. Ben de anlattım; kimi gazete yöneticisiydi, kimi dergi grubu sahibi, kimi yazar. "Karşımda oturan iri yarı arkadaşının yüzü çok ilginç," dedi, "İtalyan aktörlerine benziyor." Zafer Mutlu'dan söz ediyordu. Ertesi gün bunu Zafer'e anlattım ve çok hoşuna gittiğini gördüm. Yıllarca "Bakın Marlon Brando'yu, James Dean'i keşfeden yönetmen beni de keşfetti" diye şakalaştı arkadaşlarıyla. Dersimli bir İtalyan aktör olduğunu iddia edip durdu.

Elia'nın gözleri hafif muzip bir edayla sürekli olarak film çekiyor gibiydi. İstanbul'da gördüğü her şeye, herkese bir yönetmen merakıyla bakıyordu.

Elia hep Hacı Baba Lokantası'na gitmemizi istiyordu. Halk tipi bu mekânı çok sevmişti. Hatta Fransız oyuncu Juliette Binoche geldiğinde de oraya götürmemizi istedi benden. Yeni filmi *Egenin Ötesi*'nde oynayacaktı Binoche. Erkek olarak da Nicolas Cage yer alacaktı. Bana senaryoyu okutmuştu. İzmir yangınını nerede çekebileceğini düşünüyordu ve o sıralarda yanında getirdiği dirseğinden kopmuş, ucundan kanlar akan bir kol maketini hep yanında gezdiriyordu. Lokantalara da bununla gidiyorduk. Oturur oturmaz, kesik kanlı kolu masanın üstüne koyuyordu ve bu son derece güzel yapılmış film objesi o kadar gerçek görünüyordu ki, sipariş almak için gelen garsonların fenalık geçirmesine sebep oluyordu. Bu maket 1922'de İzmir'de linç edilmiş olan Rum piskoposun kolu olacaktı.

Filmin senaryosu üzerine tartışmıştık. Bana göre film tek yanlıydı; sadece Rumların bakış açısını yansıtıyordu. İzmir yangını, piskopos linçi doğruydu ama bunları yapanın halk değil, Sakallı Nurettin Paşa adlı bir zalim olduğu ortaya çıkmıştı. Film, Yunan ordusunun Türkiye'ye çıkarma yaptığı, başta İzmir olmak üzere birçok şehri aldığı, ülkenin neredeyse yarısını üç yıl işgal altında tuttuğu gerçeğini göz ardı ediyordu. Savaş, ülkelerini kurtarmak isteyen Türklerle, işgalci Yunan ordusu arasındaydı, yani Türkler bir kurtuluş savaşı veriyordu. Milliyetçi bir insan olmadığım ve Türkiye'yi çok eleştirdiğim halde bu gerçeği Elia'ya anlatmak istiyordum. Tennessee Williams'ın, *İhtiras Tramvayı* adlı oyununu Broadway'de sahneye koyan genç Elia'ya söylediklerini hatırlatıyordum. Ne diyordu usta yazar: "Dünyada iyi insan kötü insan diye bir şey yoktur. Herkes birbirini kendi egosunun çatlaklarından izler, hayat bir yanlış anlamalar bütünüdür." Elia'ya bunları söylüyor ve mutlak iyi, mutlak kötü insan olamayacağı gibi mutlak iyi toplum ve mutlak kötü toplum da olamayacağını tekrarlıyordum. Bana kalırsa *Midnight Express* filminin de zayıf noktası burasıydı. Fazla şematikti. Türk resmi çevrelerinin itiraz ettiği hapishane sahnelerinden söz etmiyorum elbette. Çünkü bizdeki hapishane gerçeğinin o filmde gösterilenlerden daha da ağır olduğunu yaşayarak öğrenmek zorunda kalmış bir insanım. Filmin zayıflığı, şematizmine dayanıyor; kötüler ve iyiler. Bu ancak çocuk çizgi filmlerinde olur, hayatın gerçeğine uymaz.

Sonunda Elia bana hak verdi. Türk-Yunan savaşına hiç bu gözle bakmamış olduğunu ve senaryoya bu boyutu ekleyeceğini söyledi. Ne var ki o film hiçbir zaman çekilemedi; filmin yapımcısı olan oğlu Chris Kazan ölmüştü, sigorta şirketi de milyonlarca dolara mal olacak bu film için yönetmeni çok yaşlı, yatırımı da riskli bulmuştu. Filmi sigorta ettiremeyen Fransız yapım şirketi de çalışmalara son verdiği için, bu maceranın sonunda Elia'nın elinde bir senaryo ile ucundan kan damlayan bir kesik kol kaldı.

ANNEYE DÖNÜŞ

Elia Kazan'a verdiğim söz gereği, İstanbul'da iki yaka arasında mekik dokuyan şehir hatları vapurlarından birindeyiz. Hava güzel; yanımızdan Rus gemileri geçiyor, yiyecek peşindeki martılar beyaz birer hayalet gibi mavi sulara pike yapıyor. İstanbul Boğazı'nın enfes günlerinden biri daha. Havada iyot, balık ve rakı kokusu var.

Elia "Şimdi kıta mı değiştiriyoruz?" diye soruyor. "Evet" diyorum, "Avrupa'da bindik, Asya'da ineceğiz." Elia bayram çocuğu gibi ellerini çırpıyor. İstanbul'a geldiğimizden beri heyecanlı zaten. Telaşlı kalabalık Kadıköy'de vapurdan iniyor. Biz de onlarla birlikte sürüklenerek bu kadim semte dalıyoruz. "Burada doğmuşum" diyor bana, "dört yaşına kadar da bu semtte yaşamışım. Sonra... Amerika."

Bir şey hatırlayıp hatırlamadığını soruyorum. Dört yaşına kadar ne hatırlayabilir ki insan? Olsa olsa birkaç

silik izlenim kalır. O da öyle anlatıyor zaten. "Dedemin beni elimden tutup bir kahveye götürdüğü gibi bir görüntü var kafamda." Ama daha sonra gelmiş olduğunu hatırlatıyorum. "Evet" diyor, "*Amerika Amerika*'yı çevirirken geldim." Gülüyor. O filmi yaparken Türk hükümetinin başına birçok dert açtığını söylüyor. "Ne gibi dertler?" diye soruyorum. "Bir kere" diyor, "sırtlarında ağır yükler taşıyan hamalların gösterilmesini istemiyorlardı. Bir de Altın Boynuz meselesi vardı. Orada çekim yaparken polis bizi engellemek istedi. Gerekçesi de o zamanlar Altın Boynuz adını taşıyan yerin çok kötü kokmakta olduğuydu ki, doğruydu bu. Ben de polise "Korkmayın, filmlerde koku çıkmıyor henüz" dedim." Gülüyoruz.

Çok az gülen Elia bugün neşeli. Cennete yaklaştığını hissediyor olmalı. Bu arada dedesinin onu götürdüğüne benzeyen bir kahvede oturuyor, iki orta Türk kahvesi söylüyoruz. Eski usule göre, kahvelerin yanında bir bardak su ve bir lokum geliyor. Starbucks öncesi Türkiye. Türklerle Yunanlılar yıllarca kahvenin adı konusunda kavga ettiler ama bu arada iki ülkeyi de Starbucks kaplayıp, bu tarihsel çekişmeyi geri plana attı. Ne zaman yola çıkacağımızı soruyor. "İki güne kadar..." diyorum, "Önce Ankara'ya uçacağız sonra da uçak değiştirip Kayseri'ye."

"Olmaz," diyor başını inatla sallayarak, "kesinlikle olmaz. Arabayla gidelim, uçak istemiyorum. Arabayla gidelim ki Anadolu'yu görebileyim."

"Ama çok uzak." diyorum zaten yorgun ve bu seyahat için çok yaşlı olan adama. Üzülüyorum onun için, aynı zamanda

da bir şey olacak diye korkuyorum. "Arabayla elbette gidebiliriz." diyor, "Uçağa bin, hop bir yerde in. Böyle olmasını istemiyorum. Anadolu'yu hissedebileceğim bir yolculuk olmalı bu, uzun sürmeli, yavaş yavaş yaklaşmalıyız gideceğimiz yere. Erciyes Dağı'nın başındaki karları uzaktan görmeliyiz."

"Sanki cennete gider gibi konuşuyorsun." diyorum. "Kuşkun mu var?" diyor, "Elbette cennete gidiyoruz, Cennetin Doğu'suna." Çevremizdeki masalarda oturanlar dönüp kahkahalarımıza bakıyorlar gülümseyerek.

"Peki, bir anlaşma yapalım," diyorum, "Ankara'ya uçakla gidelim, oradan Kayseri'ye arabayla. Böylece Anadolu'nun kalbinde yolculuk ederiz. Tamam mı?"

"Tamam," diyor coşkuyla, "bunu kabul edebilirim."

Bütün coşkusuna rağmen yorulduğunu görebiliyorum. Yüzü çöküyor, bir anda sanki daha yaşlı hale geliyor; daha önce adı Khalkedon olan Kadıköy'ün kaç asırlık çınarlarını hatırlatan elleri ve yüz çizgileriyle. Onu Tarabya'ya eve götürüyorum; çünkü biliyorum ki böyle yorulduğu zaman yatması gerekiyor. Zaten artık zamanının çoğunu yatarak geçiriyor. Nerede olursak olalım bir divana uzanıveriyor. Yanında kim olduğu hiç önemli değil. O kahvede de tahta iskemleler yerine divan olsa, eminim hemen kıvrılıverecek ama ne yazık ki yok. O yüzden eve götürüyorum onu. Kızım Aylin'le çok iyi arkadaş olmuş durumdalar. Bir dede sevecenliğiyle diyor ki: "Aylin, kararsızlıktan titreme çağında. New York'a bize gelsin, bir süre kalsın. Sonra orada başının çaresine bakar. Çünkü insan New York'ta kimliğini bulur." Onun bu tavsiyesine uyup Aylin'i gönderiyoruz ve böylece koca Anadolulu, onun hayatının alacağı yön konusunda da önemli bir katkıda bulunmuş oluyor.

İki gün sonra Atatürk Havaalanı'na gittiğimizde de onu rahat ettirmek istiyorum. Bu yüzden normal yolcu kalabalığına girmeden, VIP'nin önünde iniyoruz arabadan. Deri koltuk ve kanepelerle kaplı, şık ve lüks salona giriyoruz. Burası yabancı devlet büyüklerinin de karşılandığı şeref salonu. O zamanlar bu iki salon birdi, şimdi VIP ayrıldı. Elia, "Vay anasını" diyor, "ne şık yer burası böyle be. Nasıl girebiliyoruz buraya?"

"UNESCO'da elçi olunca devlet bana bu hakkı tanıdı," diyorum. "Kırmızı pasaport sağ olsun. Her zaman buraya gelmem ama seni rahat ettirmek istiyorum."

"Peki, o zaman rahat edelim." diyor ve iki Türk bayrağının arasındaki Chesterfield kanepeye uzanıp, spor pabuçlarını kolçağa dikerek horul horul uyumaya başlıyor. O kadar çabuk oluyor ki bütün bunlar, onu, daha uygun olan başka bir kanepeye götüremiyorum. Çünkü burası devlet yöneticilerine ait. Kanepenin üstünde bir Atatürk portresi bizi gülümseyerek süzüyor. Biraz sonra bir bakan ve yanındaki maiyet arz-ı endam etmez mi? Aman be, diyorum kendi kendime, tam da zamanıydı.

Bakan saygı gösterileri arasında şeref salonundan giriyor, birden şeref kanepesinde uyumakta olan yaşlı adamı görerek irkiliyor, kaşları çatılıyor, bakanın rahatsız olduğunu gören maiyet hemen atılarak, şeref salonunda asla görülemeyecek olan bu manzarayı engellemek, uyuyan adamı kolundan tutup kaldırmak istiyorlar. Elimle onlara durun işareti yapıyorum, sonra bakana "Elia Kazan" diye fısıldıyorum. Bakan "Merhaba," diyerek elimi sıkıyor ve o da havaya girip fısıldayarak "Türkiye'ye mi geldi?" diye soruyor. Ne yapsın zavallı adamcağız, şaşkınlığını atlatmak için orada uyumakta olan adamın Türkiye'ye gelip gelmediğini soruyor. Fısıltıyla "Evet evet" diyerek apaçık bilgiyi açıklıyorum, "Çok yorgun, onun için uyuyakaldı zavallı." Bakan da "Tabii" diyor, "tabii anlıyorum, ne de olsa yaşlı bir adam, jet-lag de var." Adamlarına Kazan'ı rahatsız etmemeleri için işaret ediyor ve sonra gürültü çıkarmamaya çalışarak parmak uçlarında yürüyüp başka bir kanepeye geçiyor. Odadaki herkes sessizce yürüyüp fısıldaşıyor artık. Devlet büyüklerinin birer sultan kesildiği despotik bir ülkenin şeref salonunda, daha önce görülmeyen ve asla görülemeyecek bir hal. Sessiz sinema oynar gibiyiz hepimiz. Yan yana oturduğumuz bakan, Elia'nın film çekmek için mi geldiğini soruyor, elbette kulağıma fısıldayarak. "Hayır" diyorum, "Kayseri'ye, annesinin kasabasını bulmaya götürüyorum."

"Haaa" diyor, "Ermeni değil mi üstat?"

"Hayır" diyorum, "Rum, Anadolu Rumlarından." Bir kez daha şaşırıyorum buna; niye Türkiye'de herkes Rum olan Elia'yı Ermeni sanıyor acaba? Bu arada bir yetkili salona girip, bakana çay ya da kahve ikram etmek istiyor ama bakanın sus işareti ve öfkeli bakışlarıyla öyle bir çarpılıyor ki adam, Çehov hikâyelerindeki, amirinin karşısında hacmini yok etmek isteyen 5. derece memurları gibi hemen oradan sıvışıveriyor. Uçak anonsu yapılana kadar böyle gidiyor durum. Sonra bakan, zorla uyandırdığım Elia'ya gidip elini sıkıyor,

bu büyük şahsiyeti ülkemizde görmekten ne kadar memnun olduğunu anlatıyor. Ben de Elia'ya, onun bakan olduğunu anlatıyorum. "Adın ne?" diye soruyor Elia köylü şivesiyle ve "sen" diyerek. Bakan adını söylüyor. Ne iş yaptığını soruyor tekrar. "Bakan" diyorum, "minister, minister." "Haaa" diyor Elia ama durumu ne kadar anladığı bilemiyorum. Belki de benim hatam bu. Çünkü Amerika'da bakanlara minister denmiyor, secretary deniliyor. Fakat sekreter de diyemem ki koskoca bakana. Ya bu sefer adamı benim sekreterim sanırsa?

Uçakta Elia, cam kenarında oturuyor, bulutlara bakıyor, iniş sırasında Ankara'yı izliyor. Hostesin ne içersiniz sorusuna verdiği cevap ise enfes: Tabii ki Anadolu ayranı.

Ankara Havaalanı'ndan kiraladığımız Fiat arabayla, yola çıkıyoruz. Otomobili ben kullanıyorum, Elia yanımda oturuyor. Önce şehir içinde biraz dolaşıyoruz; çünkü büyüdüğüm yeri görmek istiyor. "Burada mı yetiştin sen?" diye soruyor. "Evet" diyorum, "işte benim şehrim bu. Memurların yolu er geç bu şehre düşer, babam da savcıydı. Bu yüzden buradaydık. Bak burası büyüdüğüm yer, burası okul." Biraz sonra başka bir semtten geçerken dikenli tellerin arkasında kalan birkaç binayı gösteriyorum. "İşte burası da askeri cezaevi" diyorum, "hapis yattığım yer." Birden irkiliyor. "Hapse mi girdin sen?" diye soruyor. "Evet," diyorum, "1971'deki askeri darbeden sonra."

"Peki, suçun neydi?"

Gülüyorum. "Suçum yoktu ki." diyorum. "Çok gençtim zaten, yirmili yaşlarımdaydım. Ama o dönemde darbe yapmış olan generaller bir insanın suçlu olup olmadığına bakmıyordu, hiç önemi yoktu bunun. Kitap okumak, yazmak, özgürlükçü fikirlere sahip olmak, uydurma bir suç kılıfıyla içeri atılmak için yeterliydi. Sizin McCarthy dönemi gibi..." der demez yaptığım gafı anlayıp sözü değiştirmek için çabalıyorum. Ama o, konuyu sürdürmek istiyor. Yanımda oturan yaşlı adamın heyecanlandığını anlamamak için kör olmak gerekir ki, benim tek gözüm sağlam.

"Baskı yapıyorlar mıydı askerler?"

"Evet, çok arkadaşım işkenceden geçti ama..."

"Ama ne?"

"Başka şeyden konuşsak olmaz mı?"

"Olmaz, sana da işkence yaptılar mı?"

"Yapacaklardı elbette ama izin vermedim."

İyice şaşırdığını hissediyorum. Belli ki, genç bir insanın o işkencecilere nasıl engel olabildiğini merak ediyor. "Diğerleri gibi benim de gözümü siyah bir bantla kapatıp ellerimi kelepçelediler," diye devam ediyorum, "askeri bir araca bindirip, gizli işkence merkezlerine götürdüler ama başaramadılar."

"Bu anlattıkların da işkence değil mi?"

"Evet, ama diğer arkadaşlarıma, yazarlara, radyoculara, şairlere yapılanların yanında hiç kalır? Boğazına kadar toprağa gömülme, Filistin askısı, cinsel organa elektrik."

"Kimseyi ele verdin mi?"

"Bak Ankara'dan dışarı çıkıyoruz artık. Kayseri yoluna!"

"Soruma cevap ver, hiç kimsenin ismini verdin mi?"

"Hayır!"

"Bu şartlar altında bile ha?"

"Ama kendimi işkenceden kurtardım ben. İşkence görsem dayanma gücümü bilemezdim. Hem zaten isim verecek bir şey de yoktu. Yüzde yüz suçsuzduk. Üye olduğumuzu iddia ettikleri örgüt, bir uydurmaydı."

"Şu hikâyeyi anlatsana bana."

Özetleyerek anlatıyorum. "Bir gün radyodan, bir THY uçağının Sofya'ya kaçırıldığını duydum. İnanılmaz bir çılgınlıktı bu. Zaten askeri cunta ülkenin canına okuyordu, bu olay baskıları daha da çok artıracaktı. Nereden bilebilirdim ki bir süre sonra beni bu olayın sanığı haline getirmeye çalışacaklar. Askerler beni gözaltına alıp bir garnizon içindeki bu binalara getirdiklerinde, böyle bir şey aklımdan bile geçmiyordu. Neyle suçlandığımı bilemiyordum. Ancak koğuşa kapatılmış olan arkadaşlarımı görünce, Sofya'ya uçak kaçırmakla suçlandığımızı anlayabildim ve kulaklarıma inanamadım. En ufak bir ilgimiz yoktu ki bu olayla. Benden önce yakalanan herkes işkence görmüştü. Benim sorgum da orada, aynı biçimde yapılacağı için nelere dikkat etmem gerektiği konusunda yetiştiriyorlardı beni.

Birinci kural şuydu: Aklımı kaçıracak dereceye bile gelsem, bunun bir sonu olduğunu ve kurtulacağımı bilmeliydim. İkincisi, kendime duyduğum saygıyı ortadan kaldırmak için her şeyi yapacaklar, bedenimi ve ruhumu aşağılayacaklardı. Buna hazırlıklı olmalı ve amaçlarının bu olduğunu düşünerek direnmeliydim. Üçüncü tavsiye, işkencede avazım çıktığı kadar bağırmaktı. Böylece çok acı duyduğumu saklamamış olurdum. Elektrik verildikten sonra birkaç gün kan işeyecektim. Endişelenmemeliydim, daha sonra geçiyordu.

Böylece içeri alındığım ilk akşam, beni, işkence konusunda bütün ayrıntıları bilen bir aday haline getirdiler.

Niyetleri bana yardım etmek ve nelerle karşılaşacağımı bilerek hazırlıklı olmamı sağlamaktı. Ama yanlış yaptılar. Bu kadar ayrıntı bilmek insanı korkunç etkiliyor ve apar topar işkenceye götürülmekten çok daha fazla acı veriyordu. Hele benim gibi düş gücü gelişmiş biri için bunları bilmek, işkenceyi her saniye yaşayarak beklemek demekti. 'Siz dayandınız, ben de dayanırım' diyor ve bir şey belli etmiyordum ama müthiş gerilmiştim. Geceleri bütün bedenimi bir elektrik şoku gibi titreten bir korku dalgasıyla sıçrıyordum.

Her saniye işkenceye gitmeyi bekleyerek sekiz gün geçirdim orada. Belki bir ömür uzunluğunda sekiz gün! Anlatıldığına göre kontrgerilla mensupları her sabah, mesaiye başlayınca önlerine listeleri alıyorlardı. Henüz sorgulanmamış olanlar taranıyor ve birkaç isim saptanıyordu. Her sabah bu listeyi taşıyan askeri bir araç giriyordu nizamiye kapısından. Bizler heyecanla araçtan inen astsubayın nizamiyeye girişini, birkaç dakika sonra ellerinde kelepçeler ve siyah göz bantları taşıyan astsubay ve erlerin koğuşlara yaklaşmasını izliyorduk. Henüz sorgulanmamış olanlar için ölüm kalım anıydı bu. Gittikçe yaklaşıyor, demir parmaklıkların önünde durarak içeriye doğru birkaç isim söylüyorlardı. Her isim okunuşunda bir dalgalanma yaşıyordu topluluk. İnsan, kendi ismi okunmadıysa ilk anda müthiş bir sevinç duyuyordu ama sonra hemen nefesini tutarak diğer isimlerin okunmasını bekliyordu. Eğer kendi ismi yine okunmadıysa, o günü kurtardığını düşünüp hayvanca bir mutluluk duyuyordu.

Bir an sonra ise isimleri okunmuş olan arkadaşların acısı çöküyordu içimize. Müthiş bir utanç kaplıyordu içimizi. O gün için işkenceden kurtulmuş olmanın yarattığı hayvanca sevinç, gün boyu taşıyacağımız aşağılık bir utanca dönüşüyordu.

İsmi okunan arkadaşlar kurbanlık koyunlar gibi çıkarılıyor, elleri kelepçelenerek gözlerine siyah bir bant geçiriliyordu. Bant takılmadan önceki son anda, koğuşa doğru, yardım isteyen gözlerle bakıyorlardı. İşte o zaman, duyduğumuz utanç daha da yoğunlaşıyor ve işkenceye götürülmüyor olmanın suçluluğuyla içimiz burkuluyordu. Sanki o insanları gönderen bizdik. Askeri araç bilinmeyen yöne doğru çıkıp gittikten sonra, derin bir sessizlik kaplıyordu koğuşu. Kimse götürülenlerden söz edemiyordu ve koğuşa yayılmış olan elektrikli hava, çoğunlukla gazete okuma sırası yüzünden patlak veren bir kavgaya dönüşüyordu. Birkaç gün sonra o arkadaşları geri getiriyorlardı. Yürüyemeyen, ayaklarının üzerine basamayan, canlı birer cesede dönüşmüş vücutlar, zorlukla taşınıyordu içeri. Birçoğu yatamıyor, gövdelerinin herhangi bir yere değmesi durumunda çığlıklar atıyordu. Bazılarını iki üç sandalye üzerine, gövdelerinin yaralı bereli kısımlarını değdirmemeye çalışarak yatırıyorduk.

Nedense akşamları beklenmedik bir şekilde, isterik kahkahalar duyuluyordu koğuşta. Gördüğü işkencenin üzerinden bir süre geçmiş olanlar, işin komik yanlarını bulmaya çalışıyor ve anlattıkça hem kendileri gülüyor, hem de çevredekileri güldürüyordu. Yıldırım Bölge denilen o cehennemde insan psikolojisiyle ilgili çok şey öğrendim ama belki de en ilginci buydu. İnsanlar çıldırmamak için, o acı ortamını gerçeküstü kılan bir mizah geliştirmişti. Başka türlü dayanmaya olanak yoktu! Bir arkadaş hayalarına elektrik verilirken işkencecilerin etli pide yediklerini anlatıyordu. Aralarında uzun uzun hangi kebapçının pidesinin daha lezzetli olduğunu ve soğan miktarının ne olması gerektiğini konuşuyorlarmış. Başka biri, işkence görürken orada asılı duran bir kafesteki kanaryaya kızmıştı. Kendisine dış dünyanın güzelliklerini hatırlatan o kuşun orada olması, içini yersiz umutlar ve acayip heveslerle dolduruyor, bu da acıyı artırıyordu. Hepsi ya tiyatrocu, ya yazar, ya radyo yöneticisi, ya kitabevi sahibi ya da akademisyendi. Ben günün ve gecenin her dakikasında gelip beni almalarını bekliyordum. Her sabah, nizamiyeden giren araçta benim ismimin olduğuna emin oluyordum ama bir türlü ismim çağrılmıyordu.

Derken aklıma bir şey geldi. İşkencecilerin, kurbanın ölmesine aldırıp aldırmadıklarını bilmiyordum ama en azından böyle belirtiler hızlarını kesebilirdi. Ben de bir çare bulup hızlarını kesmek istiyordum. O tarihten bir süre önce, griple ilgili bir ilaç almıştım ve o küçük haplar alerjik reaksiyona neden olarak beni perişan etmişti. İlacı aldıktan bir süre sonra dilim şişmiş, boyun adalelerim kaskatı kesilmiş ve beni konuşamayacak derecede acı veren bir duruma sokmuştu. Bir gardiyanın yardımıyla o ilaçtan aldırdım. Beni sorguya götürmek üzere geldiklerinde hemen bir tablet yutacaktım. Aşağı yukarı yarım saat sonra etkisini gösterecekti ve ben işkencedeyken vücudumda anormallikler başlayacaktı. Belki de bu durum, işi biraz kısa kesmelerini sağlayabilirdi.

Günlerce bekledim. Sonunda bir sabah ismim okundu ve ben hemen ilacı içtim. Sekiz gündür dehşetle beklediğim an gelmişti. Arkadaşlarım hiçbir şey söyleyemiyor, sadece elleriyle dokunarak, sırtımı sıvazlayarak, kolumu sıkarak cesaret vermeye çalışıyorlardı. Ellerime kelepçe vurdular, gözümü de siyah bir bantla örttüler, sonra beni bir araca bindirdiler.

İlaç, etkisini daha araçtayken göstermeye başladı. Sarsıla sarsıla bir yöne doğru gidiyorduk. Boğazımda ve boynumda kasılmalar başlamıştı. Bu belirtiler gittikçe arttı, sonunda sorgu odasına alınıp da beklemeye başladığımda, gerçekten yarı sakat durumdaydım. Bir süre sonra iki sivil girdi içeri. Biri lacivert takım elbiseli, zayıftı, siyah çerçeveli gözlük takıyordu, yüzünde kurumuş sivilce izleri vardı. Öteki iriyarı ve daha şekilsiz, arsız ağızlı bir adamdı. Örgüt kurma ve uçak kaçırmayla ilgili bir sürü şey soruyorlardı bana. Onlara güçlükle cevap veriyordum. Dilim ağzımın içinde dönmüyordu. Zayıf sorgucu ne olduğunu sordu ve ben kalp hastası olduğumu uydurdum. İri yarı olan, "Numara yapıyor," dedi, "bırak konuşturiim şunu!'

Bildiğimiz iyi polis-kötü polis oyununun bayat bir kopyasıydı yaptıkları. Çeşitli sorular soruyorlardı ama seslerinde bir bıkkınlık, bir gevşeklik seziliyordu. Çünkü ben arkadaşlarımdan epey sonra teslim olmuştum ve o zamana kadar uçak kaçırma işinin aslı faslı olmadığı ortaya çıkmıştı. Bana yaptıkları sorgulama ise bir formalite ve gözdağıydı. Bu arada zayıf sorgucu, kendisinin askeri doktor olduğunu ve Erzurum'da görevliyken sorgulamalar için Ankara'ya geldiğini anlattı. "Ben bir teknisyenim." diyordu. Bunları niye anlattığını hiçbir zaman anlayamadım. Şili'deki Allende iktidarı aleyhine de bir şeyler söylemişlerdi. Sorgu epeyce sürdü ama tuhaf bir biçimde ayrıntılarını hatırlamakta güçlük çekiyorum. Ya belleğim bunları kabul etmediği için eleyip attı ya da ilacın etkisiyle yarı koma durumunda olmam bu etkiyi yarattı.

Sorgu boyunca iriyarı asker beni zorlamaktan yanaydı ve sözüm ona zayıf olan bırakmıyordu. Onlara, uçağın kaçırıldığını radyodan duyduğumu anlattım. Böyle bir şeyle ne ilgim olabilirdi? Bunları söylerken sözcükler ağzımdan zor çıkıyordu. Boğulur gibi konuşuyordum. Yarı baygın durumda olduğumu sanıyorum. Sonra beni gönderdiler. Hiç işkence görmemiştim. Savcılık sorgusu sırasında iş biraz daha aydınlandı ama neden sonra.

Savcı sarışın bir yüzbaşıydı. Kendisi de pek inanmaz bir tavırla, uçağı nasıl kaçırdığımızı sordu. Ben de Yaradan'a sığınıp, "Yetişemedim ve kaçırdım" diye bir espri patlattım. Bunun ya çok kötü bir etkisi olacaktı ya da işin saçmalığı ortaya çıkacaktı. Savcı hafifçe gülümsedi ve ben o anda, onun da bu palavraya inanmadığını anladım.

Yıllar sonra Erdal Öz, Savcı Muhteşem Savaşan'ı görmüş. Savaşan'ın anlattıklarına bakılırsa o dönemde kendisini epeyce zorlamışlar. Bizim isimlerimiz savcıya uçak kaçırma sanıkları olarak gitmiş ve dava açması istenmiş. Savcı bir iddianame hazırlamak için sorgulama sonuçlarını ve belgeleri incelemiş. Bakmış ki en ufak bir yerinden bile tutturamıyor, kalkıp dönemin Ankara sıkıyönetim komutanına gitmiş. "Komutanım!" demiş, "Bu şahısların uçak kaçırmayla en ufak bir ilişkisi yok. İddianameyi yazmak mümkün değil."

General kızmış ve "Yüzbaşı, yüzbaşı!" demiş, "Sen savaşa girmeden kaybettiğini kabul eden bir komutana benziyorsun. Savaş, mücadele et. Yenilirsen o zaman yenil." İşte darbenin adalet anlayışı buydu.

Yıldırım Bölge'deki en zor günler, Ülker'in ziyarete geldiği günlerdi. Çünkü görüşme yasağı vardı ve içeri bırakmıyorlardı, ancak bir not iletebiliyordu bana. Ben de cevap olarak bir not yazıyordum. Daha sonra karşı caddede yürüdüğünü görüyordum. Arada en az üç yüz metre vardı."

Uzun bir sessizlik oluyor. Arabanın radyosunu açıyorum. Yanık bir Anadolu türküsü dolduruyor içeriyi. Çok hüzünlü bir ezgi. "Ben kendimi gülün dibinde buldum" diye başlıyordu ve devam ediyordu: "Sevda bir düş imiş kendime yordum / Ay karanlık, gece vurdular beni / Yârin çevresine sardılar beni."

Bilmiyorum, anlattıklarımın etkisi mi yoksa türkünün yarattığı hüzün mü arabanın içindeki havayı ağırlaştırıyor. Sessizliği dağıtmak için, "Biliyor musun" diyorum, "bu bölgeden Hititler geçti, Büyük İskender, Romalılar, Timurlenk'in Moğolları, Aziz Pavlus, Selçuklular, Osmanlılar; geçmeyen kalmadı. Ankara yakınlarında Büyük İskender'in düğümü kestiği Gordion'u da gösterebilirdim sana ama geçtik orayı."

Dalgın dalgın "Haçlılar da geçti değil mi?" diye soruyor; "Evet" diyorum, "Şimdi de Elia Kazan geçiyor." Yaptığım bu zorlama şakaya hiç gülmüyor. Yeniden sessizlik. Yanımıza üçüncü bir kişi gibi oturan; ihanet, ele verme, vermeme konularının ağırlığı altında eziliyoruz sanki. Radyoyu kapatıyorum. Uzun bir sessizlik daha oluyor. Sadece motorun ve asfaltı yalayan lastiklerin sesi işitiliyor.

İhanet denildiğinde gözümün önüne bir görüntü geliyordu hep; televizyonda izlediğim bir belgeseldeki görüntü. Ama Elia'ya bundan söz etmeye niyetim yoktu doğrusu. İhanet benim için yaşlı bir koyunun suratına vurulmuş olan bir damgaydı. Yaşlı koyun olur mu demesin kimse, bu koyun, ihaneti sayesinde kellesini kurtarmayı başarmış hüzünlü bir koyundu. Hatta sanırım dünyanın en hüzünlü koyunuydu. Ankara mezbahasında yaşıyordu. Görevi, her gün koyun sürülerinin tutulduğu yerde yirmi koyunluk bir grup almak ve kösemen gibi önlerine düşerek onları, acılar içinde can verecekleri kesimhane binasına götürmekti. Genç koyunlar, adına ister önsezi diyelim ister başka bir şey; korku içindeydiler. Belki de kan kokusu alıyorlardı. İşte bu gergin koyunları rahatlatarak, can verecekleri binaya tıpış tıpış getirmek yaşlı koyunun göreviydi. Yirmi koyunun önüne düşüyor, onları cellatlarına teslim ettikten sonra hüzünlü gözlerle kesilişlerini izliyor, sonra da aynı surat ifadesiyle geri dönüp yirmi koyun daha alıyordu. Yemin ederim ki bu görevle ilgili kaygılar, yaşlı gözlerine, uzun yüzüne damgasını vurmuştu. Açıkça görebiliyordum bunu. Kaderinde yaşlanmak olmayan bir türe ait olma kaderini bu görev sayesinde yenebilmiş, boynunu kasap bıçağından kurtarabilmişti ama ödediği bedel de çok ağır olmuştu.

Bu görevi ne kadar sürdürdüğünü bilmiyorum. Belki bir gün -bir koyun için ender rastlanacak biçimde- yaşlılıktan, çoklu organ yetersizliğinden ya da kalp krizinden ölmüştü;

belki de artık iş göremeyecek kadar yaşlanınca o da kasabın önüne yatırılıvermişti.

Dünyanın belki de en yaşlı koyunuyla, yanımda oturan yaşlı dostum arasında bağlantı kurmadan düşünüyorum bunları. Çünkü hiç ilgileri yok. O koyun yüzünden diğer koyunlar acı çekmişti ama Elia'nın HUAC'taki ifadesi yüzünden zarar gören hiç kimse olmamıştı. Kendi dışında elbette. Zaten bilinen şeyleri söylemişti. İşin en garip yanı da adını vereceği arkadaşlarından, bu iş için izin istemesiydi. Clifford Odets'le öyle olmuştu mesela. "Senin adını verebilir miyim?" diye sorduğunda Odets, "Ben de aynı şeyi soracaktım sana!" deyivermişti. Bu soruyu yönelttiğinde ona kötü davranan kişi Lillian Hellmann olmuştu ki Elia onu hep "şöhret ve servet düşkünü" olarak anardı. Ona göre, bu olaydan da bir şöhret yaratmak istemişti. Olaya karışan insanları tanımadığım için bir yargıya varmam zor doğrusu. Ama Elia Kazan yüzünden şu acıyı çektim, bu sıkıntıyı yaşadım diyen hiç kimse olmadı.

Yol boyunca çok az konuşuyoruz. İkimiz de kendi düşüncelerimize gömülmüş durumdayız; bu yaştaki bir adamın o seyahate nasıl katlandığını düşünüyorum ara ara. İçindeki "İthaka'ya dönüş" arzusu çok büyük olmalıydı ki yaklaşan ölümünden önce, hatta ölüm tehlikesini göze alarak bu seyahate çıkmamız için ısrar etmişti. Bu arada Elia'nın derin bir uykuya daldığını fark ediyorum. Başı önüne düşüp duruyor. Epey bir süre böyle gidiyoruz.

Sonra bir benzin istasyonu çıkıyor karşımıza. Önünde yolcu otobüslerinin ve özel arabaların park ettiği, lokanta gibi

bir yerde duruyoruz. Arabadan inip tutulan bacaklarımızı açmaya çalışırken, herhalde otobüsle okul gezisi yapmakta olan bir genç grubu çevremizi sarıyor. Elimi sıkıyorlar, sarılıyorlar, imza istiyorlar. Gençlerin bu sevgi gösterisi çok garip bir olaya neden oluyor. Lise çağında olan kızlı erkekli öğrenciler, benimle resim çektirmek istiyorlar. O dönemde cep telefonları olmadığı için, bir kız öğrencinin küçük fotoğraf makinesi ortaya çıkıyor. Gençler, ortalıkta başka kimse olmadığı için makineyi, olayı gülümseyerek izleyen Elia'nın eline tutuşturuyorlar; "Amca resmimizi çeker misin?" Ben utançtan yerin dibine giriyorum, çocuklara "Bu bey kim biliyor musunuz? Dünyanın en büyük yönetmenlerinden Elia Kazan." diyorum ama kimsenin buna kulak astığı yok. Belli ki o kısa ömürlerinde Elia Kazan ismini de duymamışlar. Çocuklar benim çevremde toplanıyor, kızlar yanımda duruyor, erkeklerin çoğu önümüzde yere çömeliyor ve biz Anadolu bozkırının ortasındaki kayıp ve tozlu bir yerde, Elia Kazan'a poz vermeye başlıyoruz. Bu kadarla kalsa iyi. Çocuklar bir de Elia'ya nasıl çekmesi gerektiğini söylemesinler mi? Bir kız Türkçe "Yakına gel amca yakına!" diye haykırıyor, bir başkası "Boydan al!" diye yırtınıyor. Onlara göre bu yaşlı adam, kendi dedeleri gibiydi, yani hiç anlamaz fotoğraf, kamera işlerinden. Ben utanç içinde "Yapmayın çocuklar, ayıp oluyor." desem de kimsenin beni dinleyeceği yok. Elia Kazan'a durmadan talimat yağdırıyorlar. Elia da bu işe memnun olmuş gibi. Oyuna katılmış, çocuklara kırık dökük bir köylü şivesiyle "Tamam mı? Böyle iyi mi?" diye soruyor, gülerek her dediklerini yapıyor. İşleri bitince çocuklar benimle vedalaşıyor, yaşlı bir köylü sandıkları Elia'ya da "Sağ ol amca" diyerek uzaklaşıyorlar. O resimleri kimin çektiğini hiçbir zaman bilemeyecekler.

Akşamüstü, bir yol kıvrımını dönünce başı karlı Erciyes Dağı olanca görkemiyle önümüze çıkıveriyor. Nefes kesici bir görüntü bu. Düzlüğün ortasında aşırı ve insana olamaz dedirten bir görkemle parlayan ulu bir dağ. Elia'nın babasının kutsal dağı. New York'ta yıllar boyu sayıkladığı, insana can veren havasını, pınarlarından akan buz gibi suyu, üstü buğulu iri üzümlerini hasretle anarak ve bir daha göremeden can verme kaderini yaşayan babasının meşhur Erciyes Dağı.

Elia henüz dağı görmedi, çünkü uyuyor. Arabayı geriye alıp, dağı göremeyeceğimiz bir yerde yol kenarına çekiyorum ve Elia'yı uyandırıyorum. Ne olduğunu soruyor, "Geldik mi?" Ama ortalıkta geldiğimizi belirten bir şey yok. Ona bir şeyler göstermek istediğimi söyleyip, arabanın kapısını açıyorum ve dışarı çıkıyorum. Koluna girerek dönemece doğru götürüyorum. Bacakları uyuştuğu için adımlarını zor atıyor. Beş on adımda tepeye ulaşıyoruz ve "İşte babanın dağı!" diyorum. Hiçbir şey söylemeden toprağa oturuyor, dağı uzun uzun seyrediyor, ben de iki adım gerisinde, saygılı bir sessizlik içinde, onu rahatsız etmeden bekliyorum. Anadolulular "Dağ dağa kavuşmaz, insan insana kavuşur." derler ama bu kez bir insanla bir dağ kavuşuyor.

Gece Kayseri'de çiçekli basma perdeleri ve rahatsız yatakları olan bir otelde kalıyoruz. Basit bir otel. Alt katındaki lokantanın bütün kokuları ve gürültüleri odaya doluyor. İki ayrı oda bulamadığımız için iki yataklı bir odada

kalıyoruz. Ertesi gün yaşayacağımız büyük buluşmanın heyecanı, otelin kötülüğünü önemsizleştiriyor. Elia hem hüzün hem sevinç diyebileceğim, tuhaf bir ruh hali içinde. Ben ise korkuyorum, düpedüz korkuyorum. Çünkü Germir'de artık Rumların ve Ermenilerin bulunmadığını tahmin edebiliyorum. Göç alan birçok yer gibi her şey değişmiştir herhalde. Çünkü o kültürü ve yaşam biçimini yaratan insanların yerine, bambaşka gelenekler içinde yetişmiş, mimarisinden yemeklerine kadar her şeyleri farklı olan insanlar getirilmişti buralara. Sonra da bir hükümet komisyonu, on iki bin köyün adını değiştirmişti.

Ama ad değiştirmekle her şey değişmiş olmuyor. Germir, Ermenice kızıl demekmiş. Ermeniler 1915'te tehcir kanunuyla götürülmüş, çoğu da yollarda öldürülmüş, Rumlar ise 1923 Lozan Antlaşması'ndan sonra "mübadele" denilen zorunlu nüfus değişimi sonucu ayrılmışlardı. Birinci Dünya Savaşı denilen felaket, Balkanlardaki milyonlarca Müslüman Osmanlı yurttaşının da katliama ve sürgüne uğramasına yol açmıştı. Buralarda ne olduysa, aynısı Balkanlardaki Türklere yapılmıştı. Mübadele sırasında Anadolu'dan bir milyon iki yüz bin Rum Yunanistan'a gönderilmiş, oradan da yarım milyon Müslüman Türk getirilmişti. Gidenlerin çoğu Rumca bilmiyordu, Türkçe konuşuyorlardı; çünkü vatanları burasıydı. Oradan gelenlerin bir kısmı da Türkçe bilmiyordu. Hükümetlerin emirleriyle apar topar evlerini, aile büyüklerinin mezarlarını, çiçeklerini, kedilerini, komşularını bırakıp, yabancı bir ülkeye gitmek zorunda bırakılmışlardı. Geriye sadece acı acı feryat eden rebetika türküleri kalmıştı.

Ermenilerin durumu, daha da yürek burkan cinstendi. 1913'te, Kayseri'de kırk bin Ermeni yaşıyordu; çoğu zengindi bunların ve aralarında Dr. Karabet, Dr. Manukyan gibi şehir yöneticileri vardı. Ama o uğursuz 1915 yılında İttihat Terakki hükümetinin aldığı karar, Anadolu'nun diğer bölgelerindeki Ermeniler gibi onların da sonu olmuştu. Talat Paşa'nın not ettiği gibi, Kayseri'deki kırk bin Ermeni'den otuz yedi bini sürülmüştü ve herhalde çok azı hayatta kalmıştı. Elia yıllar önce buralara gelmişti ama hem belleğinde pek bir şey kalmamıştı hem de o dönemlerde Türkiye daha farklıydı. Rumlar ve Ermeniler gideli çok olmamıştı, gelenekleri az da olsa sürüyordu. Ama şimdi her şey değişmişti. Bu yüzden yarın göreceklerimizden kaygılanıyorum.

Yemekten önce Elia'yla bir Kayseri turu yapıyoruz. Meşhur Kayseri Kalesi'ni görüyoruz. Kaleyi MS 500 yılında Bizans İmparatoru Jüstinyen yaptırmış, diye anlatıyorum ona. Kayseri tarihine müthiş ilgi duyuyor, her şeyi öğrenmek istiyor. Hatta benim amatör bilgilerim ona yetmiyor, bu konuda bir uzmanla tanıştırmamı istiyor. "Tamam" diyorum, "böyle birini tanımıyorum ama araştırıp bulacağım, söz." Sadece şehrin adının Ceasarea, yani "Sezar şehri" olduğunu anlatıyorum. "Kayser, Sezar'ın Arapçası, biz de onu kullanıyoruz." Bu konuyu okumuş olduğum için Rus çarının da (tsare) unvanını aynı kökten aldığını, Almanların kayzerlerine kadar giden bağı anlatabilirim ama Elia'nın artık çok yorulduğunu görüyorum. Gözümüze ilişen güzel bir lokantaya giriyoruz. Kayseri'nin zengin mutfağından yemekler seçip, rakı söylüyoruz. Rakı işin olmazsa olmazı. Çünkü efkâr dağıtır.

Türkler ve Yunanlılar rakıyı efkârlanmak ya da efkâr dağıtmak için içerlerdi. Efkâr, fikirler demek ama bizlere göre fazla fikir üzüntü anlamına geldiğinden, bazen hüznün dibine vurmak, bazen de bu etkiden kurtulmak için rakıya sarılırız. İsviçre'de Lenin ve arkadaşları için, "Sabahtan akşama kadar çay içer, Rusya anayı konuşurlardı." denir. Bizde de durum budur, rakı içer Türkiye'yi konuşuruz. Masaları yeşil muşambayla kaplı bu basit lokantada içtiğimiz ilk kadehten sonra, rakı etkisini gösteriyor ve ikimizi de biraz duygusallaştırıyor. Babasından söz açıyorum. Bana hiç babasını anlatmamıştı ama hem *Uzlaşma* romanından hem de öz yaşam öyküsünden ne kadar sert bir baba olduğunu, annesini dövdüğünü, aktör olmak isteyen genç Elia'yı ensesinden kavrayarak aynanın önüne götürüp "Bu suratla mı aktör olacaksın?" diye sorduğunu okumuştum. Buna rağmen, babasından söz etmek cesaretini gösteriyorum. Ne de olsa yıllar önce onun da gölgesi bu sokaklara vurmuş, buralarda gezip tozmuş, evlenmiş, belki de bu lokantada yemek yemişti. Her şeyin altüst olduğu Birinci Dünya Savaşı'ndan ve zorunlu göçten önce, ailesini Amerika'ya götürmekle ne kadar akıllılık etmiş olduğunu söylüyorum Elia'ya. Amerika'da başarılı olmuş ortak arkadaşlardan söz açıyorum. Ahmet ve Nesuhi Ertegün'ün babaları Türkiye'nin Washington büyükelçisi olduğu için o ülkede büyümüşler, siyahi müziğin mucizesine inanarak Atlantic Records'ı kurmuşlardı. Arif Mardin'i, Quincy Jones götürmüştü Amerika'ya ve kaç Grammy ödülü aldığını bile sayamadığım bu önemli müzik adamı, dünya çapındaki ününü buna borçluydu. Elia'nın babası da bu imkânsız denecek kadar zor işe kalkışmamış olsaydı, onun dünya çapında bir yönetmen olması mümkün müydü? Burada ya da Yunanistan'da küçük bir halıcı olarak kalırdı sadece. Yönetmen olsa bile adını duyuramazdı. Bu bakımdan babasının şerefine kadeh kaldırmak istiyorum, ekşi bir suratla kaldırıyor kadehini; pek de hoşlanmıyor bu işten.

Sanırım onunla ortak bir dostumuzdan daha söz etmenin sırası geldi. Elia, Yunan bestecisi Manos Hacıdakis'ten "dâhi" olarak söz ederdi. New York'ta onunla bir film müziği için buluşmuştu ve Hacıdakis ona enfes melodiler yazmıştı. Bu büyük besteciyi ben de çok severdim. Mikis Theodorakis'le birlikte hem Yunanistan'ın en büyük iki bestecisiydiler, hem de dostlarımdı. İkisi de dünyada daha çok film müzikleriyle ünlü olmuşlardı. Theodorakis, Anthony Quinn'in kumsalda dans ettiği *Zorba* melodisiyle, Hacıdakis ise bugün bile her asansörde çalınan *Pire Çocukları* ezgisiyle. Melina Mercouri'nin oynadığı *Pazarları Asla* filminin bu ezgisi, dünyanın en çok tanınan parçalarından biri olmuştu ama Manos bundan hiç memnun değildi. O melodiyi para için çırpıştırdığını söylerdi. *Jökond'un Gülüşü* gibi orkestra eserleriyle tanınmak isterdi ama popüler dünyanın kuralları zalimdir. Üç yaşı geçemeyen kitle zekâsı, daha basit şeylerden hoşlanır. 1988 yılında Manos Hacıdakis ve Mikis Theodorakis'le Efes Antik Tiyatrosu'nda bir konser verdik. Türk-Yunan dostluğuna adanan ve otuz bin kişinin izlediği bu konserin provaları sırasında Mikis, sahnenin tam ortasında durdu ve "Sofokles'ten sonra bu sahnede duran ilk Yunanlılar bizleriz!" diye haykırdı.

Yunanistan'daki Albaylar Cuntası sırasında sanatçıların, kültür adamlarının çoğu ülkelerini terk etmişler ve sürgün yaşamını seçmişlerdi. Manos Hacıdakis ise Atina'da kaldı, hiçbir yere kıpırdamadı. Bir gün yabancı gazetecilerin "Niye siz de dışarda değilsiniz?" sorusunu ise çılgın bir biçimde cevapladı: "Bakın" dedi, "Yunanistan'da iki tür sanatçı vardır. Komünistler ve homoseksüeller." Ve ekledi: "Ben komünist değilim."

Nedense gönüllü sürgünlük üzerinde çok düşünmüşümdür. Belki benim de başıma geldiği, soğuk, karanlık ve uzun İsveç kışlarında bu konu üzerinde kafa yorma vakti bulduğum için.

Yazarlar, ressamlar ve besteciler için sürgüne gitmek daha kolaydır. Ne de olsa kâğıt, kalem, tuval, fırça gibi şeylerdir bütün gereksinimleri. Dünyanın neresinde olurlarsa olsunlar işlerini, yaratılarını sürdürebilirler. Sürgünün manevi azabından söz etmediğim anlaşılır elbette. Béla Bartók'un New York sürgününde "Burnuma at kokusu geliyor" diyerek, döne dolaşa ahır araması gibi acıklı durumlara düşmesi de hesaba katılmalıdır.

Ama orkestra şefleri, sinemacılar, tiyatro yönetmenleri için durum daha zordur. Çünkü işlerini yapabilmeleri için paraya ve iş çevresine ihtiyaçları vardır. Gidecekleri yabancı bir ülkede, bu olanakların onlara sunulacağını hiç kimse garanti edemez. Alman orkestra şefi Furtwängler, bu nedenle Nazi Almanyasından kaçmamıştı. Sadece orkestrasını yönetebilmek için şeytanla anlaşma yapmaya hazır bir Faust hali. Ne var ki savaştan sonra Almanya bu zayıflığından

dolayı dönemin bütün günahını Furtwängler gibilerin üstüne yüklemedi. Doğrudan doğruya Üçüncü Reich yönetimini sorumlu tuttu. Furtwängler ve arkadaşları, olsa olsa birer kurbandı.

Yemekten sonra Elia'yı güçlükle odaya götürüyorum. İyi ki otelin iki kişi alabilen basit bir asansörü var. Üçüncü kata çıktığımızda artık ayakları onu taşımıyor. Yatağına yatırıyorum, sonra aşağı inip otelin loş ışıklı, daracık lobisindeki iki eprimiş koltuktan birine oturuyorum. Kaygılıyım. Bir süre sonra kalkıp sessizce odaya çıkıyorum. Elia arada bir kesilerek beni endişelendiren mırıltılarla uyuyor. Geceyi uykusuz geçiriyorum.

Elia, sabah kalktığında oldukça dinç görünüyor. Oyalanmadan yola koyuluyoruz. Bulutlu gökyüzünün her şeyi bulanıklaştırdığı sisli havada Germir'e girerken, tipik bir Anadolu kasabası bulacağımı sanıyordum ama çok geçmeden yanıldığım ortaya çıkıyor. Garip bir yer burası. Köyden çok, kayalar arasına kurulmuş bir Roma kalıntısını andırıyor. Yunan tarzı taş evlerin arkasında büyük kiliseler göze çarpıyor. Görkemli yapılar hepsi de, ama ne yazık ki çökmek üzereler. Kiliselerin en büyüğü ahır olarak kullanıldığı için, yaklaştığımız anda burnumuza çarpan yoğun ve keskin bir kokuyla irkiliyoruz. Kubbesinden itibaren ikiye ayrılmış kilise. Elia'yla birlikte kilisenin içine girip de çamur ve hayvan pisliğinden kayan ayaklarımızla yere sağlam basmaya çalışırken, Manhattan'da, evin duvarında asılı olan resmi hatırlıyorum. İşte bu kiliseydi. Kilise bakımlıydı ve mutlu bir aile, en iyi giysileriyle onun önünde poz vermişti.

Bu sırada bizi fark eden köylüler yanımıza gelmeye başlıyorlar. Beyaz sakallı muhtar, Elia'yı görür görmez, para verip bir sağlık ocağı yaptırmasını istiyor. Biraz sonra köylü kadınlar, bir fırın yaptırmasını diliyorlar ondan. Her gelen, zengin Amerikalıdan bir şeyler koparmak niyetinde. İlkokul çocukları koşuşuyor çevremizde. Hepsi de "Selamünaleyküm" diyor. "Merhaba" diyene hiç rastlamıyoruz. Daha sonra bu çocukların, okulun yanı sıra Kuran kursuna gittiklerini öğreniyorum.

Hiç kimse Elia'nın içine gömüldüğü yoğun hüznün farkında değil. Çamurlu yollardan geçerken, kasabada hiç çiçek olmadığı dikkatimi çekiyor. Ne bir ağaç, ne duvarlara sarılan bir sarmaşık, ne bir cam önü ya da pencere içi çiçeği. Yol kenarına atılmış hayvan atıkları öylece duruyor. Çevrede iri köpekler dolaşıyor. Bir zamanlar görkemli bir yaşama tanıklık ettiği anlaşılan kasaba boşalmış, inanılmaz bir sertliğe, kurşuni bir hoyratlığa gömülmüş.

Sonunda sora sora Elia'nın anne evinin kalıntılarını bulabiliyoruz. Yapı çökmüş, çamurlar içinde birkaç yıkık duvar kalmış sadece. Bir zamanlar orada bir ev olduğunu, insanların yaşadığını hayal etmek bile çok zor. O anda Elia'nın yüzündeki büyük acı ifadesi, neredeyse elle tutulur hale geliyor. Yaşlı dudakları titremeye başlıyor. Burnunun kızardığını, gözlerinin dolduğunu görebiliyorum. Elia'yı en çok yıkılmış gördüğüm an budur. Aklıma Angelus Silesius'un şiiri geliyor.

Dünya Betlehem'dir, Mısır yalnızlık
Kaç ruhum kaç, yoksa ölürsün kederden

O anda Elia için Kayseri'nin de, o kasabanın da ne ifade ettiğini anlıyorum. Annesini istiyor o. Kendisine ve annesine onca hoyrat davranan babasından ve onu mezara kadar takip edecek olan HUAC lanetinden kurtulup, annesine sığınmak istiyor ama o anda bunun olanaksızlığını da anlıyor. Evi yıkılmış durumda, işte gözünün önünde harabe. Rüya yok olmuş. Onu hayatta en çok koruyan kişi annesiydi. Aklıma Borodino Savaşı'nda yaralanıp yere düşen ve gökyüzüne bakarken "Annemin onca şefkat gösterdiği bu bedeni niye delik deşik etmek istiyorlar?" diye düşünen Prens Andrey geliyor.

Elia, kadınlara erkeklerden daha yakındı. Onların şefkatine ihtiyaç duyuyordu, erkeklere karşı ise hemen dikleniverirdi. Anadolu kültüründe kadınların önemi yokmuş gibi görünür ama ailenin gerçek reisi anadır. Babayı, asıl güçlünün o olduğunu hissettirerek dizginleyen ve yola getiren bir ana. Elia bunu çok iyi biliyor.

Germir'den hemen ayrılıyoruz. Artık köy demenin daha doğru olduğu kasabaya varışımızla ayrılmamız yarım saat sürmüyor. Dönüş yolunda hiç konuşmuyoruz. Elia, Erciyes Dağı kadar sessiz biçimde oturup yola bakıyor, benim de söyleyecek bir sözüm yok.

Kayseri Kalesi göründüğü zaman, hırıltılı bir sesle Kapalıçarşı'ya gitmemizi istiyor. Burada karşılaştığımız yaşlı bir bey, bir zamanlar Germir'in büyük bir yerleşim merkezi olduğunu doğruluyor. Babasının anlattığına göre eski Germir'de yedi tane fes atölyesi varmış, yoğun nüfusa ancak yetişebiliyorlarmış. Bakımlı, üç katlı evlerin avlularında fıskiyeli havuzlar ve nadide çiçekler bulunurmuş. Ermenilerin ve Rumların zorunlu göçü sonrasında ise ekonomi çökmüş ve bugünkü görünüm ortaya çıkmış.

Kapalıçarşı'ya gidiyoruz. Adı "Kazancılar Çarşısı" imiş. Bu isim, o çarşıda, 20. yüzyılın başlarında halı ve kilim ticareti yapan Kazancıoğlu ailesinden mi kaynaklanıyordu bilmem ama Elia'nın babası ve amcası, burada görkemli dükkânlar açmışlar. Yine sora sora, çarşının halıcılar bölümünü buluyoruz. Çok azalmış sayıları, bir iki tane kalmışlar. Eski halı dükkânlarının çoğu da sakatatçı olmuş. Tek tük halı satan yerin hemen yanında paça, işkembe, ciğer ve kelle satan kasaplar sıralanmış. Korkutucu çengellere ciğerler asılı. Kimi daha kırmızı, kimi daha solgun sıra sıra ciğer, başımız hizasında asılı duruyor. Elia bunlara çarpa çarpa babasının dükkânını arıyor. Esnaf ise Elia'ya kilim satmak derdinde. Sonunda babasının olduğunu söyledikleri bir dükkânın önünde duruyor. "Beni burada yalnız bıraksana..." diyor. İtiraz ediyorum, çünkü başına bir şey gelmesinden korkuyorum ama o kendini iki saat yalnız bırakmam için ısrar ediyor. "Gerçekten bırakamam" diyorum, "başına bir şey gelirse France'e ne derim?" Bunun üzerine öfkeleniyor, "Sen benim kardeşim misin?" diyor, "Neyimsin? Bana karışmaya hakkın yok. Bırak beni burada, babamla yalnız kalacağım." Sanki günün bütün hayal kırıklığını ve acısını benden çıkarıyor. "Ne halin varsa gör!" diyecek oluyorum ama kendimi tutuyorum. Artık yapacak bir şey yok. Onu minicik hasır iskemlenin üzerinde otururken bırakıp otele gidiyorum, yatağa uzanıyorum. Gece hiç uyumamış olduğum için, yavaş yavaş uyku bastığını hissediyorum. Elia'yı düşünürken gözlerim kapanıyor.

Elia'yı hasır iskemle üzerinde görüyorum. Karşısında genç bir adam oturuyor; bıyıklı, başında fes var. Olsa olsa yirmili yaşlarında bir adam. Elia ise torunu yaşındaki bu genç adama "Baba, baba..." diyor. Adam anlamıyor. "Git işine!" diye tersliyor bu yaşlı Amerikalıyı. "Ne istiyorsun benden?"

O yine "Baba" demeye devam ediyor.

Gözlerimi açınca bir bakıyorum, karanlık çökmüş! Telaşla fırlayıp Kapalıçarşı'ya gidiyorum. Çarşı kapanmak üzere; Elia'yı bıraktığım yerde, hasır iskemlenin üstünde buluyorum. Durgunlaşmış.

"Hadi gidelim!" diyor bana. "Dönelim artık."

Bu geziden bir süre sonra Elia, bir kış günü Manhattan'daki evinden dışarı çıktı. Frances'le birlikte kendisi için tutulmuş siyah limuzine zorlanarak bindi, gençliğinde nice oyun sahnelemiş olduğu Broadway'e gitti. Kırmızı koltuklu Town Hall salonunun en ön sırasında oturdular. Yanlarında Atlantic Records'ın başkanı Ahmet Ertegün ve eşi Mika oturuyordu. Öteki yanında ise besteci Arif Mardin ve eşi. Sahnede kimliğinin üç parçası iç içe geçmişti. "Olympos'un kutsal sesi" diye nitelenen büyük Yunan şarkıcısı Maria Faranduri, benim eserlerden oluşan bir konser veriyordu. Broadway'de Türkçe ve Yunanca birbirine karışıyordu. Sahnede bir konuşma yapıp bu konseri ona ithaf ettiğim zaman, bütün salon Elia Kazan'ı ayakta alkışlamaya başladı. Türkler, Yunanlılar, Amerikalılar hep birlikte ayaktaydılar. Alkış sesleri dinmek bilmiyordu. Üç ulusun insanları, avazları çıktığı kadar "Bravo!" diye haykırıyordu. Elia zorlanarak kalktı. Teşekkür eder gibi birkaç kelime mırıldandı. Alkışlar, kulakları sağır edecek kadar yükseldi. Türk-Yunan savaşları görmüş bir adam, uzun ömrünün son demlerinde, New York'ta, kendi mekânında iki halkın kucaklaşmasına tanık oluyordu.

Konser bittikten sonra sahne arkasına geldi. Boynuma sarıldı, âdeta asılı kaldı. Kalabalık arasında kulağıma eğildi, teşekkür edecek sandım ama o hep Elia'ydı, ömrünün sonuna kadar savaşçıydı, duygusal sözler ona göre değildi. "Çok çişim geldi," dedi, "altıma yapacağım, beni odana götür."

Ne yazık ki soyunma odam sahnenin üst katındaydı, yukarıdaydı ve çok dik bir merdivenle çıkılıyordu oraya. Sağ kolumla kendisine sarıldım, âdeta omuzlayarak merdivenleri çıkardım. Bacakları bez bebekler gibi sallanıyordu. Tuvaleti kullandıktan sonra bir ara baş başa kaldık.

Bana çok güzel şeyler söyledi; yaşadığım sürece hatırlayacağım güzel sözler. İlk kez! Şaşırdım kaldım. "Yarın beni ara, mutlaka gel," dedi, "sana söyleyeceklerim var."

Sonra yine aynı gayretle aşağı indirdim onu. Paltosunu özenle giydirdim, kaşkolünü bağladım. Frances'le birlikte onu tiyatronun önünde bekleyen otomobile götürdük. Dışarıda buz gibi, insanın içini kesen bir New York ayazı vardı. Kar yağışı başlamıştı. Otomobile binmeden önce tekrar boynuma sarıldı. "Mutlaka ara, unutma!" diye hatırlattı. Ona değen yanağımın ıslandığını hissettim. O huysuz adam, onca damar sertleşmesine rağmen ağlamıyordu elbette, sadece yağan kar yüzünü ıslatmıştı. Siyah araba New York trafiğine karışıp gitti ve ben ardından bakakaldım.

Ertesi akşam İstanbul'a dönecektim. Sabah kalkıp Elia'yı aradım telefonla. Niyetim hemen ona gitmekti; öğleden sonra dörde kadar kalabilirdim. Telefon çaldı, çaldı, sonra Elia açtı; açar açmaz da bağırarak "Ben sağırım, sizi duyamam." dedi. Telefonu kapattı. Tekrar açtım ve hemen yüksek sesle "Elia, benim, benim!" dedim. Yine "Ben sağırım anlamıyorum." oldu cevap. Bir süre bekledikten sonra, telefonu belki Frances, belki Eileen açar ya da belki Elia anlar diye yine aradım. İki ön adımı da tekrarladım defalarca. "Benim ben Zülfü, Ömer, Ömer Zülfü!" Her seferinde sinirli bir sesle "Sağırım. Sizi duyamam!" diye bağırdı ve telefonu yüzüme kapattı. Umutsuzluk içinde kaç kez aradım bilmiyorum. Her seferinde telefonu açtı ve aynı sözleri söyledi.

Şimdi düşünüyorum da o gün niye 95. Doğu Sokağı'na, Elia'nın evine gitmedim, niye gidip zili çalmadım, anlayamıyorum. Belki zili de duymayacağını ve kapıyı açamayacağını düşündüğüm için. Akşamüstü İstanbul uçağında aklımda hep bu konu vardı ama sonra hayatın normal akışı içinde unuttum.

Ta ki bir gün Frances, New York'tan telefonla arayana kadar: Titreyen sesi, "Elia öldü!" diyordu, "Yakın dostlarına haber veriyorum. Huzur içinde öldü!"

Onun anısı için İstanbul Boğazı'na beyaz bir gül attım.

HOLLYWOOD